U0875012

多赚一倍 Ⅵ

超级裂变

易 凡/李 鲆◎著

金城出版社
GOLD WALL PRESS
中国·北京

图书在版编目（CIP）数据

多赚一倍. Ⅵ, 超级裂变 / 易凡, 李鲆著. — 北京：金城出版社有限公司, 2021.11

ISBN 978-7-5155-2197-8

Ⅰ. ①多… Ⅱ. ①易… ②李… Ⅲ. ①营销－通俗读物 Ⅳ. ①F713.5-49

中国版本图书馆CIP数据核字(2021)第216315号

多赚一倍Ⅵ：超级裂变

作　　者	易　凡　李　鲆
责任编辑	王寅生
责任校对	岳　伟
开　　本	880毫米 × 1230毫米　1/32
印　　张	6
字　　数	100千字
版　　次	2021年11月第1版
印　　次	2021年11月第1次印刷
印　　刷	天津盛辉印刷有限公司
书　　号	ISBN 978-7-5155-2197-8
定　　价	59.00 元

出版发行	**金城出版社有限公司** 北京市朝阳区利泽东二路3号 邮编：100102
发 行 部	（010）84254364
编 辑 部	（010）64391966
总 编 室	（010）64228516
网　　址	http://www.jccb.com.cn
电子邮箱	jinchengchuban@163.com
法律顾问	北京市安理律师事务所 18911105819

自序

怎样低成本解决流量问题？裂变

李鲆

做生意的逻辑可以很简单：确定盈利模式后，研究怎样低成本获取流量就好。

这是一个产品过剩、流量稀缺的时代。谁能低成本解决流量问题，谁就能做好大部分生意。

怎样低成本解决流量问题？答案是：裂变。

所谓裂变，简单地说，就是让客户告诉客户，让客户带来客户，让客户成交客户。把客户变成你的推销员，让客户给你做宣传、营销、推广和成交，你就能以比较小的成本，获得大体量的客户群，由此得到巨大的财富和机会。

掌握了裂变原理和方法，能让你大幅度减少获客成本，快速获得更多客户。

我有一个出版公司，80% 的作者来自作者转介绍，让我节约了大量的获客成本，这就是客户裂变。

2016 年，我开发一个线上培训课程，当时微信上有 4000 多粉丝，4 个月后，粉丝量达到了 4 万，同时发展了 1 万多名付费学员，这也是裂变。

2020 年，我从零开始做跨界创业社群创读会，很快发展了近千名付费会员，手段之一也是裂变。

本书另一位作者易凡也是裂变的高手。他帮某教育培训机构做线下招商会，一次招募了 2000 多名学员，用的主要手段也是裂变。

我跟易凡讨论怎样裂变时，他提出了裂变三部曲：超级鱼饵、种子用户和简单操作。我补充了第四点：多层后端。我们两个一拍即合，决定合作一本书，就是这本《多赚一倍Ⅵ：超级裂变》。

本书可谓是“强强联合”，我们双方在合作这本书的过程中，彼此互相启发，有很大收获。

本书介绍了裂变的原理、方法和一些实操案例，我们尽量写得简单、易懂，很多都是可以直接拿来“抄作业”的。

最后强调一下：流量越来越贵了！赶快来学裂变吧！

自序

无裂变不营销，无裂变不创业

易凡

有没有一种模式可以帮企业快速实现 5~10 倍的业绩和规模的增长?

答案：有，这种模式就是裂变模式。

我叫易凡，曾在部队服役五年，立过三等功。2004 年年底离开部队，进入深圳一家企业培训咨询公司工作，是公司较早的一批员工。

2006 年年底，公司评选出的销售总冠军在台上分享感言时说了一句话，让我觉得特别震惊。她说，她只开发了 3 个新客户，通过这 3 个客户裂变了 3000 多个客户，完成了分公司当年一半以上的业绩。

我当时想，是什么绝招可以通过 3 个客户裂变 1000 倍的新客户。

了解了裂变体系后，我才知道，这就是“服务裂变”。

后来，我终于有了向她请教学习的机会。我牢牢抓住这个机会，向她请教了很多问题，并且陪同她一起去拜访她的客户，看她是怎样为客户服务的。

在这个过程中，我学到了一整套裂变客户的实操体系。

2010 年，我离开深圳来广州发展，第一次从事一线销售工作。

第一个月进到公司熟悉业务、产品，接受前期的培训；

第二个月我用裂变方法开发客户，当月成为公司的销售冠军，我个人当月的业绩是整个公司销售部门的总和。

月底发完工资，老板叶总找到我，让我入股公司，就这样我成了公司第三个股东，也完成了从打工者到创业者身份的转变。

这是我早期接触如何做裂变，当时的做法虽然有效，但是比较原始，基本没有使用互联网工具。

随着移动互联网的兴起，身边有部分企业率先用互联网来推广自己的产品和品牌。

我意识到互联网工具对传统营销模式的冲击，于是开始研究如何将互联网工具和裂变思维结合在一起，不断实践，最终创立了一套超级裂变系统。

那么，什么是超级裂变系统呢?

超级裂变系统包括裂变客户、裂变合伙人和裂变加盟店等方式。

1. 裂变客户：通过拼团、分销、兼职和社群等方式快速裂变消费者，提高业绩。

2. 裂变合伙人：通过裂变合伙人，为机构获取现金流的同时，拓展更多的业务合伙人，一起来销售公司的产品。

3. 裂变加盟店：通过裂变招商系统，打造一个样板，裂变出更多的加盟店，提升品牌影响力。

为了将这套行之有效的超级裂变系统分享出去，帮助更多的创业者少走弯路，快速地开拓市场，提高创业的成功率，我从 2020 年开始开办“超级裂变招生导师班”，意在培养更多学员学会超级裂变系统，然后通过他们服务更多的企业。

这门课程采取的收费模式是零风险包回本模式。学完后很多学员一个月内就收回了成本，部分优秀学员还实现了收入 5~10 倍增长。

裂变思维的应用当然不止这些，创业者学会了裂变思维，可以迅速找到种子客户，裂变出更多的客户，进而实现盈利。

写这本书是为了让更多人看到裂变的重要性，从另一个途径帮助更多的人。

在此，我要推荐一下另一名作者李鲆老师。他是一位非常专业的出版人，但又不是传统的出版人，他拥有非常开阔的经营思维，也帮助了很多创业者实现多赚一倍。

我看了他的《多赚一倍 III：实体店这样做就能火》，发现其中隐含着很多跟裂变思维不谋而合的地方。

一次长谈后，我们决定一起合作这一本《多赚一倍 VI：超级裂变》。

这本书可以说是集实操、理论于一体，是知行合一的实用图书。

请大家仔细地阅读这本《多赚一倍 VI：超级裂变》。

看完之后，你一定会对裂变思维有更深刻的体会，也会明确裂变思维的应用能对利润的增长、规模的扩大带来的价值和作用。

目 录

理论篇

技术篇

案例篇

理论篇

超级裂变的定义

如果你想要打开一个市场，你会怎么做?

传统的营销方法是建立自己的营销推广团队，然后培训，管理，还要支付薪酬，付出相当巨大的人力财力。

使用超级裂变系统后，在创业初始用裂变方式招募联创合伙人、市级代理和门店合伙人等，启动前就汇聚了资金、人力和资源，有了发展的基础，成功概率自然提高。裂变的出现，不仅可以帮助创业者降低风险，让生意做起来没那么累，同时可以快速做大。

美国著名销售员乔·吉拉德认为，每一个客户背后，大概都站着 250 个人。这些人是他的亲戚、邻居、朋友和同学等。

也就是说，每一个客户的背后，都有 250 个客户资源。

这就是客户裂变的理论依据。

把一个客户服务好，让这个客户转介绍给他背后的 250 个客户资源，相当于你就多了 250 个客户。

你继续服务好这 250 个客户，再让他们转介绍，你就有了 62500 个客户。

客户转介绍，实际上就是客户裂变。

不断裂变下去，你能获得的客户数量是很惊人的。

比如某某咖啡。某某咖啡的裂变玩法其实很简单，就是赠一得一，下载某某咖啡 APP，注册会员后会送你一杯咖啡，把 APP 分享给朋友，在朋友注册并购买后，你和他都能得到一杯咖啡，还可以无限裂变循环。高度协同的运作体系和每一步都踩在点子上的执行力，让某某咖啡得以野蛮地裂变生长。线上 + 线下的新零售思路打法，填补了中国现磨咖啡外卖市场无大品牌的空缺，短短几个月内为某某咖啡带来了超过 500 万杯的销量。

还有某房地产商利用裂变思维卖房的案例。2020 年他们通过线上裂变营销，短短三天就被认购了 47500 套，总价值约 580 亿元，全国 600 多家楼盘均有认购，最多的楼盘被认购了 870 套。

参与活动设定一个 5000 元预订金，只要你交 5000 元，就可以参与这场活动。

1. 本人购买有好处

如果你自己看好房子，下单后，5000 元抵 20000 元房款，相当于你节省 15000 元。

2. 介绍别人买房有好处

你自己不买，可以介绍朋友购买，如果成功，5000 元原路退给你，额外再奖励你 10000 元，再加 1% 好处费。

3. 其他陌生人购买也有好处

如果你也不购买，也没介绍别人购买，但你之前看上的房子被其他人买了，5000 元立即退给你，额外再给 5000 元。

4. 活动结束，门槛费全部退回

如果你之前订了房子，到 5 月 10 日没有卖出，订金 5000 元将于 5 个工作日内返还。

5. 补差价

如果 5 月 10 日前，房价下降了，房产地商补差价。

6. 交房入住前，无条件退房

这次房产地商搞的 75 折卖房，配合 5000 元网赚活动，刺激了潜在客户买房的冲动。抓到了潜在购房者的注意力，打了同行一个措手不及，并在一定程度上回笼了现金流。关键是，他们通过这个活动，在最短的时间内增加了 300 多万用户，累计客户达到 1000 万，有了这些客户资源，后端商业价值非常大。

如果你学会了客户裂变，让每个客户都变成你的推销员，让他们帮你做营销，做推广，做成交，你就能以最小的成本，获得最大体量的客户群，得到巨大的财富和机会。

裂变就是客带客，让客户告诉客户，让客户带来客户。

超级裂变的三要素

超级裂变的三个要素：有情、有利和有趣。

有情，就是客户对产品或服务或品牌有高度的认同感、自豪感，觉得产品有价值，主动分享出去，让更多人受益。

这与传统营销里的口碑营销观念十分贴近。口碑营销实际上就是在搞情怀，靠情怀裂变。

它更多地强调用好的产品、好的服务来获得客户的美誉度，从而将产品向大众传播开来。

有利，就是客户参与裂变中可以获得相关利益。我们只要设计好利益分配机制，让客户有利可图就可以了。

有趣，是设计的超级裂变模式好玩，让客户不觉得自己是在帮你介绍客户，而是因为好玩有趣帮你扩散出去而已。

有趣的超级裂变模式是娱乐化营销，用游戏来取悦客户，吸引客户，让客户自发裂变。

靠情怀裂变，速度会很慢，口碑不是一下子就有的，需要日积月累，持续不断营销。

靠利益裂变会快很多。只要设计好模式，利益足够诱人，人趋利的本能就会让产品裂变更快，很快崛起并做大。

客户裂变，主要还是靠利益裂变。

有趣裂变可以以最低成本获得最好的效果，但是对创意的要求会很高。

超级裂变四部曲

超级裂变四部曲：设置鱼饵——种子用户——简单操作——多层后端。

鱼饵是客户无法拒绝的成交主张

什么是鱼饵？

我们给它一个定义：鱼饵就是客户无法拒绝的成交主张，是客户最想要的，是客户一定想参与、一定想传播、一定想成交的。

这个定义有三个要素：最想要、无法拒绝、一定想成交。

李鲆的《多赚一倍 III：实体店这样做就能火》中有一个“一元烤鸭”的案例，很符合鱼饵的定义。

吃饭时间路过一家烤鸭店，门口海报，超大的字体：精品烤鸭，1 元 1 只。

下面还有一行打了个红叉的字：原价 198 元。

也就是说烤鸭店原价 198 元的精品菜现在 1 元就能吃。

进去了解了情况，原来是这家烤鸭店设计了一个办卡机制，客户只要充值 99 元就能成为他们的会员，终身享受 9 折优惠。

成为会员后，只要再加 1 元就能吃到这只价值 198 元的精品烤鸭。

烤鸭店的鱼饵就是 1 元烤鸭。

算下账就明白，这个活动相当于首单打 5 折，以后永久打 9 折。

但如果烤鸭店老板一开始就说是首单 5 折，还会有那么多人觉得足够诱惑吗?

鱼饵为什么能让客户无法拒绝? 就是因为它足够诱惑，让客户觉得占到了大便宜，才诱使客户“上钩”。

鱼饵要怎么设置? 先问自己 3 个问题。

（1）我的客户是谁?

（2）我的产品能给客户带来什么价值或者好处?

（3）我的客户的前置动作是什么?

烤鸭店的客户是食客；

烤鸭是招牌菜，很美味，可以给客户带来味蕾的享受，可以让客户饱腹；

客户的前置动作是试吃。

怎么试吃？1元试吃，付1元就能享受价值198元的精品烤鸭。

反正去哪里吃饭都一样，不如来这里试一下烤鸭。

有了1元烤鸭的足够诱惑，客户就不会在乎99元的会员卡。

烤鸭品质足够好，客户就有可能自发裂变，发送朋友圈或其他社交平台上分享。

提高种子用户的数量和质量

怎么理解呢？做一场裂变活动，50个人参与和500个人参与，效果是完全不一样的，5000个人参与，效果更不一样。

李鲆在《多赚一倍》书里提到一个裂变公式。

裂变效果 = 种子用户数 × 裂变率 × 单客价值。

先说种子用户数量和裂变率。

种子用户数量越多越好，原本50个人参与裂变，最好能找到500个，甚至5000个人参与裂变，效果就会成10倍地增加。

裂变率也很容易理解，就是一个种子用户能给你带来几个新的用户。

比如一个种子用户可以帮你带来两个种子用户，那么裂变率就是200%，三个就是300%，就是乘2，乘3，一直乘下来。

种子用户数量和裂变率是倍增的关系，就是任何一项增加了，裂变效果都是成倍地增加。

种子用户里有两个关键词，一个是数量，一个是质量。

数量很容易理解，就是你让尽可能多的人参与裂变，数量越多越好。

怎么让数量多起来呢？方法很简单。

比如你可以先赠送一批客户，找一批熟人帮你做裂变，或者说你用一些引流课来吸引一波人来做裂变。

这些都是很容易做到的，先拿你手头现有的用户做裂变，然后尽可能地用各种利益手段吸引他们。

这就是种子用户扩大。

种子用户质量非常重要，你会发现不同的人来做裂变，效果是完全不一样的。

有些人可能十倍百倍地裂变，有些人可能一个两个人都带不过来。

那么你还是要特别注意一下，找到那些特别有质量的，特别有影响力的，特别有资源的人来帮你做裂变。

高质量的用户有三个特征：有资源、有能力、有信任。

有资源很容易理解，就是他本身就是一个有影响力的人，他在某一个很好的圈子里面，他本身有很好的资源，他来帮你做事，事半功倍，甚至说他只要发个朋友圈就可以帮你带来很多客户。

有能力是他的个人影响力，他的行动力，他愿意做事的态度，这是有能力。

有信任是他对你有没有足够的信任感，他愿不愿意来帮你做事。

比如他又有资源，又有能力但他对你不够信任，那么他也不是非常好的粉丝，他不愿意帮你做事，这一点是我们特别要关注的。

有一种玩法是点赞后送福利，就是让大家点赞或者评论，完成这些动作后给大家送福利，让大家来帮你做事。

还有一种玩法是送课程，也能增加你的种子用户。

建议你在做裂变之前，拿一张纸或者做一个思维导图，列出你所有的资源和方法。

比如我的高质量种子用户是谁，列出来一对一沟通；

比如我用哪些方法可以扩大我的种子用户，一个一个去落实。

简单总结一下，超级裂变的核心就是扩大种子用户数量，提高种子用户质量。

扩大种子用户数量，可以通过点赞、赠送、共享流量池和付费流量等方法来解决。

对优质的种子用户，要一对一地沟通，给他优惠的条件，吸引他来参与。

不麻烦，就是简单操作

人是怕麻烦的动物。

若是需要经过复杂过程才能获得利益，我们通常会因为觉得麻烦而舍弃这部分的利益。

太麻烦的裂变方案是失败的方案。

简单易操作的方法通常是人们的首选。

怎样使裂变方案简单易操作呢?

在现代大多数人的认知里，超过三个步骤的方案都是麻烦的。

将步骤压缩在三个以内，才能叫作简单易操作。

越是简单，比如只需要一步到位就能完成裂变，这个方案的裂变效果就比较好。

我们最常接触到的简单易操作的裂变方法就是转发。

无论是截图转发或是直接转发，都需要依靠转发获得的点赞数来完成裂变。

一个人获得了几次点赞，裂变就完成了几次，过程简单粗暴，十分容易上手。

因此，大部分商家在进行促销裂变时，会采用这个方法。

目前，我们在做裂变的时候，经常会使用到几种工具：防截流、活码和分销工具。

当裂变群里突然有很多广告，会给客户造成困扰，影响裂变效果。这时候，会用到防截流工具。这个工具用于线上社群裂变，踢掉乱发广告的机器人。

线上社群裂变一般采用的是客户自动进群，由于微信群的限制，群满 200 人后，就需要人工操作，手动拉人进群。

这样做难免会造成麻烦，容易失误，损失部分流量。

活码就解决了这个难题，只要设置好满 200 人换群，系统就会帮客户自动拉群。

分销工具用于裂变里的分销，解决了客户与商家之间的金钱信用问题。锁定分销层级后，系统自动分发，免去人工算账的失误。

设计好多层后端

传统的获客手段，基本都是要产生很高成本的。不要指望一边获客一边赚钱，能不花钱、少花钱就已经很不错了。

跟其他获客手段相比，裂变获客的成本比较低，甚至可以一边裂变一边就有利润。但我们依然很难靠裂变本身赚到多少钱。

所以我们要设计多层后端，用裂变来引流、成交，用后端产品来持续变现，获得更多收益。

如果你只有一个产品，既用这个产品来做裂变，又指望靠这个产品来赚钱，这是一种很不现实的想法。

你需要设计产品组合，也就是引流产品、成交产品、品牌产品、利润产品，以及更高利润产品。用其中一些产品来做裂变，来引流、破冰、成交，培养客户消费习惯，建立信任，再用另外一些产品来盈利。

特别提醒：品牌产品和利润产品也可以作为超级鱼饵去做裂变，也就是说它们承载了引流和成交的功能，但你依然可以有其他利润产品来变现。

90% 的利润在后端。设计好多层后端产品，通过多个产品来盈利，来获取更大利润，才是超级裂变的最终目的。

超级裂变的前三步，设置鱼饵、种子用户和简单操作，是为多层后端服务的。没有多层后端，裂变就没有意义。

超级裂变的关键节点

超级裂变里一个很重要的概念叫关键节点。

有一个设计师，设计水平很高，但市场开发的一直不理想。他来找易凡老师咨询，易凡建议他要想在当地设计行业脱颖而出，要锁定高端客户。

设计师通过自己的关系，找到当地最大的房地产开发商，帮他家里的别墅做设计。

由于设计师服务得很好，房地产开发商很满意。自此之后，设计师再也没有自己去拓客，而是靠房地产开发商转介绍不断裂变，不断做大。

这个案例提到的房地产开发商就是一个关键节点。

房地产开发商一个转介绍，往往比设计师自己去拓客要轻松，要有效果。

抓住关键的人，你就能少做很多推广工作。

有些人以为名人、大V就一定是关键节点。这样理解，其实并不是十分准确。

关键节点，需要有三个方面的考量：

（1）是否有一定的影响力？

（2）是否与你的目标客户相匹配？

（3）是否可以主动地、持续地为你做裂变推广？

房地产开发商在当地房地产行业有一定的影响力，与设计师的目标客户相匹配。

已经满足了前两个考量。

为什么房地产开发商愿意主动地、持续地为设计师做裂变推广呢？

设计师首先按照房地产开发商的要求，设计出不同风格的效果图。装修后再用这次赚到的60万元买了一整套家居软装送给房地产开发商。

相当于他这一单是完全不赚钱的。

开发商被设计师的诚意感动，但凡有人来参观，他都说是这个设计师设计的，主动帮设计师介绍客户。

后来还请设计师又帮他的其他房产样板房做设计。

设计师赚到钱，选择在开发商这里买房，成了开发商的客户。

此后，设计师就再也没在当地开拓过客户。

技术篇

拼团裂变

拼团原是指散客拼起来的旅游团队。

后来，电商利用这一方法演变出一种裂变成交模式。

易凡把这种模式应用到线下的裂变实操中，帮别人做裂变时，用得较多的就是拼团裂变。

他曾经用拼团裂变的方法，帮广州某连锁美术教育机构快速招生。

这家教育机构过去曾经依靠上百人的地推团队迅速扩张，疫情发生之后，地推扩张变得很困难。

机构负责人通过朋友介绍找到易凡，易凡给他做了一套裂变招生的落地方案。易凡在这套方案中设计了 5 个步骤。

1. 设计超级鱼饵

易凡让机构直接拿出六次课程，作为前端的爆款产品进行引流。

一次课程售价150元，六次就是900元。

这900元的产品，易凡提出以198元的价格打包销售。

用不到两节课的钱上六节课，这个就是很吸引人的超级鱼饵。

2. 找到种子客户

谁是种子客户呢？老学员。

但是，老学员是不能直接参加拼团活动的。他只能开团，成为团长，帮助机构拉更多新的学员来听课。

有人看到这里可能产生疑问：老学员享受不了这个价格，怎么会卖力帮你拉新呢？

所以就有了第3个动作。

3. 设置激励方案

比如，老学员成功介绍3个新生报名198元体验课，就可以得到一份礼品。

如果他介绍6个新生报名198元的体验课，他可以免费得到这个课程，加送一份礼品。

如果能介绍10个新生报名198元的体验课，他除了能免单获得课程，还可以得到一台空气净化器。

这就是激励方案，激励足够大，让对方有足够的动力。

4. 教老学员操作步骤

教老学员如何操作，让方案正式得到执行。

5. 利用互联网工具

想要让裂变成功，速度更快，有一个重要的点就是设计的裂变流程和执行方案要简单。要让学员一看就懂，一学就会，一用就成功。

让方案变得简单的方法就是利用互联网工具。

易凡团队研发了一个软件，活动介绍、收款、活动管理甚至发放礼品都可以通过这个软件实现。裂变变得非常简单，老学员上手非常快。

同时，活动要有紧迫感，活动在三天内有效，让客户积极帮机构裂变。

拼团的核心原理和裂变的核心原理非常贴近和吻合。它的内在驱动是分享，是一种消息的赠予，掌握住拼团的秘诀，就能轻松裂变。

学会拼团裂变，就基本把这本书的精髓掌握了。

举一反三：

合伙人裂变 1

如今，创业者越来越多，创业门槛越来越低。

创业者越来越多，意味着创业风险越来越大。

所以，如果你一开始去创业，没有经验，没有资源，资金也不够，成功的概率就会很低。

未来，创业者想提高成功的概率，就是和别人一起创业，共担风险，共享成果。

裂变合伙人的好处：（1）快速募集资金；（2）整合更多优秀的人来一起创业；（3）可以撬动合伙人背后的资源。

案例一：

有个朋友在佛山做生意，投资了10万元做红酒。他生意做得很累，因为之前他都是用传统方法开发客户。

易凡推荐给他一个分销软件，教他裂变合伙人，用合伙人裂变客户。

1. 先把周边的商家整合成为合伙人

第一个合伙人是一家洗车行的老板。去这家店洗车的人经济实力都不错，一般都是中小企业主。

2. 打造多象商城

红酒放在车行卖给来洗车的顾客，他们可以买来自己喝或者送礼。

这款红酒的性价比很高，质量好，每一瓶都是原装进口的，可以溯源。

价格低，同样的酒在线上平台买要比在车行买贵10%~30%。

顾客在洗车行办会员卡，就送一箱酒给顾客，顾客就会觉得超值。同时，给顾客介绍酒庄，他们如果觉得好喝就会自动联系。

用合伙人裂变模式，做生意轻松多了。

案例二：

另一个朋友开了一家女性形体礼仪培训机构，投资了几十万元，想快速裂变出更多机构。

易凡给了他两个策略。

第一个策略，每个单店先发展6个联创合伙人。

一个合伙人需要交一笔钱，这笔钱相当于一个门槛。合伙人的好处是，可以得到原始股份的5%。另外，设计好一个包回本模式，让合伙人无后顾之忧。

联创合伙人权益：

（1）享有机构5%的利润分红。

（2）设计投资先回本模式。

（3）享受总部专业合伙人技能培训。

（4）三个月内如果不能回本，退回学费外的投资款，不再持有股份，股份转给其他股东。

第二个策略，招募创始会员。

创始会员就是门店合伙人，相当于业务员。每个人交一笔费用，招募20个人，也有几十万的收入了。

也就是说，还没开店，机构就有了26个人，是机构的利益共同体。

既解决了开店资金问题，又解决了人手问题。

联创合伙人和门店合伙人，也是在卖一个赚钱的机会。成为合伙人后，有了利益关系，会更加热情地推广。

这样创业，成功的概率还会低吗?

更厉害的是，合伙人赚钱后，发现做这一行利益可观，也会有想法，想赚更多的钱。

与其自己重新做一个品牌，不如加盟。

这样就形成了一个生态赚钱循环。

举一反三：

合伙人裂变 2

一般的少儿培训机构，如果学生家长介绍了新学生来上课，少儿培训机构会赠送课时或者发一个红包给家长。

因为转介绍的方法很被动，结果无法掌握。

当大家都这样做的时候，学生家长介绍新学生的欲望就不高。

可以挖掘家长背后的资源，把家长变成合伙人。

这个方法适合大多数教育培训机构。

现在的少儿培训机构越来越多，竞争越来越激烈，生源流失率也高。

通过把家长变成合伙人有以下几个优点。

第一，可以第一时间把生源留住；

第二，可以挖掘家长背后的资源，让更多人推广课程；

第三，裂变出一批新学员；

第四，成了合伙人后，机构会向家长合伙人倾斜更好的服务。

这也是共赢的一种模式，在教培机构和家长中架起了一个桥梁，同时让教培机构获得良好的现金流。

但是要注意，家长合伙人尽量是业务合伙人，不能是股东。因为涉及股东会很复杂，最好只拿提成，不拿分红。

易凡老师曾给一家教培机构设计的家长合伙人权益供大家参考：

（1）原学费 6000 元，现在只要交 10000 元就能成为家长合伙人；

（2）10000 元可以抵扣两年学费；

（3）额外获得 6000 元超级大礼包；

（4）赠送价值 3960 元体验课电子门票；

（5）赠送 1500 元暑假班课程；

（6）推荐新学员享有利润 30% 分成；

如果交 20000 元，前面 5 条权益不变，推荐新学员享有利润 40% 分成；

如果交 30000 元，前面 5 条权益不变，推荐新学员享有利润 50% 分成。

反正孩子都是要学习的，交 6000 元是交，交 10000 元也是交，还有那么多超乎价值的奖品，推荐新学员还有分成，何乐而不为呢？

举一反三：

异业联盟裂变

前文提到的佛山红酒案例，其实还有一个异业联盟裂变方式。

消费红酒的人，本身有很多种身份，结合客户的其他身份，异业合作，产生裂变。

对客户的身份进行分析，决定了以下几个合作行业：

1. 洗车行

开豪车的人，一般会是红酒的消费客户，与洗车行合作，会挖掘到这些潜在客户。

2. 餐厅

红酒放在餐厅代销，每卖出一瓶餐厅都有提成。售卖红酒的线上商城二维码也写在菜单中，客户如果觉得喝着不错，可以直接线上购买。

3.KTV

KTV 也是酒水消费的大户，做法和餐厅一样。

4. 茶馆

茶和酒都是谈生意时所需要的，也是送礼经常用到的。在比较高级的茶馆里，附送红酒的优惠券。茶馆多了一个吸引客户的手段，红酒多了一份销量，是双赢合作。

举一反三：

产品裂变

产品裂变，简而言之就是通过产品本身使客户自发为商家进行推荐、转发以达到裂变效果的一种裂变方法。

客户在接触产品之前，其实是不知道产品是什么样的，很多时候他们只是根据这个产品的功能来判断产品的好坏，更多时候只是在道听途说。

因此，我们就需要注重自己的产品质量，寻找出产品的特点，将产品宣传出去。

很多商家不太注重这一点，他们认为只要产品合格，有个产品进行销售就可以了。这其实是不行的。

想要让客户购买产品之后成为忠实客户，并自发为产品进行推荐，一定要对产品本身进行把控，让产品质量超出客户预期。质量不好的产品是不能完成产品裂变的。

产品裂变法是众多裂变方法中一个基础的裂变方法，也是无论何时都不会过时的一个方法。

运用产品裂变法，可以切切实实地培养忠实客户，发展新客户，让你的营业额稳步上升。

产品裂变的核心是让客户有超出期望的独特体验。

产品裂变的3个关键因素是：产品质量好、配送效率高以及产品价格低。

那么问题来了：什么样的产品才能引发产品裂变呢？

例如，有门课程的名字叫“服务赚大钱36计”，标价29800元。

1. 免费试听第一天的课程

把这门课拆分为三天课程，第一天课程标价1000元，现在免费试听，只需要交100元场地费。

2. 第一天课程全是干货

第一天的课程虽然是免费的，但内容十分有用，全是干货，让别人听完觉得物超所值。

3. 第一天课程结束后，推荐学员购买后两天的课程

后两天的课程现在只需要4980元。可能有些人会觉得这4980元还是贵，怎么办呢？

4. 现场做裂变，免费听后面两天的课

建议机构利用拼团软件，引导学员把第一天的课程分享给10个人，就可以免费学习后面两天的课程。

5. 课前免费送书

另外，后面两天课程开课前可以送出两本书。

6. 加送线上 7 天课程

线上的 7 天课程，虽然每节课时只有十几分钟，但是对客户来说，这是免费的，就很有吸引力。

相当于用 100 元听了三天线下课，还获得两本书，还获得了线上免费的七天课。

“服务赚大钱 36 计”这个产品，首先是质量好，是干货满满的线下课，因此客户才会想要继续参加第二天、第三天的课程。

其次，原价 29800 元的课程，现在 100 元就能听了，价格实在是太实惠了。

然后，课程不存在配送问题，没有物流困惑。

最后，花 100 元就能听三天课，还获得两本书，以及线上七天课，超乎客户的期待，因此客户一定会自发帮机构进行课程裂变。

由此看来，遵循产品裂变的 1 个核心和 3 个关键因素，就能让我们的产品不再门可罗雀。

所谓酒香不怕巷子深，我们的产品好，自然就会有人为我们进行宣传，成为我们产品的回头客，成为忠实顾客，成为我们进行产品推销的坚实力量，让我们的产品马上脱销。

举一反三：

赠品裂变

深圳某高端国学培训机构采取全国游学的方式授课，一年半课程的费用是 30 万元，只服务年营业额 5000 万元以上的董事长、总裁。

这家国学培训机构首席导师四天三夜的课程学费是 5 万元，已经开过上百期，学员的满意度都很高。大家都知道这个课程的价值所在，所以可以用这个爆款课程来做裂变。

首先，在 7000 多名学员中，找到 100 位机构认可并且曾帮机构做转介绍的老学员，针对他们做回馈活动。这 100 位学员可以获得 3 张原价 5 万元的课程门票，机构帮他们把票送给他们的客户或朋友（被赠送人的身份是企业总裁或董事长）。

送礼的人会觉得很有面子，毕竟课程的费用在那里摆着，价值不菲。收礼的人，也会觉得对方很有诚意，送了这么贵重的礼物。

如果把门票都送出去，100 个人可以裂变 300 个潜在客户。这是一个机构、送礼、收礼三方都满意的赠品。

机构派出最优秀、最专业的老师授课，让新学员觉得物超所值，同时后续有专业的团队服务，持续转化。用这个方式裂变引流，可以达到 30% 的转化率。

（1）引流产品降低了门槛，增加了引流客户数量；

（2）转赠审核身份，吸引精准客户；

（3）限定时间消费，给客户产生紧迫感；

（4）安排最好的客服服务，跟进，成交。

赠品是除了产品之外最能够让客户感受到利益并产生购买欲的附加品。

赠品裂变顾名思义就是利用赠品进行裂变营销，它是众多商家进行裂变营销的一种重要手段。

赠品的选择对裂变营销来说很重要，好的赠品甚至可以让产品起死回生。

好的赠品，首先要有价值，要能让人产生印象，还要品质过关，要与产品本身有关联。

而品质过关的赠品能让客户产生良好印象，关联赠品能够增加客户的复购率。

赠品裂变的成功关键在于赠品的选择、价值、成本和风险控制。

赠品的选择

1. 能让客户产生印象的

赠品需要有记忆点，要让客户能够记住，知道你是做什么的。

赠品要产生价值才能达到赠品这件事本身的意义。

案例中的国学机构体验课就很有记忆点，因为这就是机构的产品，跟机构直接相关，这样的赠品是有意义的。

2. 要有实用价值

没有价值、不能让人产生印象的赠品等同于鸡肋，品质不过关、与产品无关的赠品等同于累赘。

3. 品质良好的

人们会对产品进行打分，也会对赠品品质进行评估。赠品品质的优劣关系到企业的信誉形象，更能够直接影响产品销量。

而与产品密切关联的赠品能够加深品牌和产品在客户心中的印象，增加客户复购。

赠品的品质很重要，大家一定要把好关。

要么别做，要么做到最好。

在赠品上偷工减料，很有可能偷鸡不成蚀把米。

低成本，高价值

赠品最好不产生实际成本，能帮自己进行传播和裂变，带来后续成交和持续成交。

最好的赠品应该是让客户觉得价值很高，对商家而言成本却又很低的物品，这样的赠品容易让客户与商家达成交易。

不过非常重要的一点，就是赠品应该是客户急迫需要的，或者对他们有比较大帮助的产品。如果赠品一点用都没有，那就是没有价值的产品。

当然，赠品的价值是需要塑造和价值确认的。

很多时候客户对赠品的价值并不清楚，需要我们来为它进行说明。

我们必须清楚地告诉他们，赠品的价值是什么，它的效果是什么。

只有这样，客户才会知道赠品能为他们带来什么。

当然，在给赠品附加价值时千万要注意一点，那就是别夸大赠品的价值。

某些商家为了招徕顾客，将一个小东西的价值数十倍数百倍放大，比如将 3 元的毛巾夸大成 30 元，这就是在欺骗客户，很容易引得客户反感，产生负面效应。

这样的赠品是达不到裂变效果的。

无风险承诺

赠品做到无风险承诺，客人才会接受这样的赠品，并帮助商家进行传播。

例如售卖课程时选择电子书作为赠品，为了让客户信服，我们可以为赠品标价，让客户相信赠品是有价值的优质产品，以此扩大赠品的价值和裂变程度。

但你要收钱，就会有客户怀疑你的赠品到底值不值。

因此，我们可以给客户一个无风险承诺。

比如客户交 19.8 元给你，听完课不满意退客户 20 元，而且电子书也可以留着。

这样的无风险承诺可以迅速达成赠品裂变，让产品销售额度快速提升 50%~300%。

除非这个东西是他完全不需要、不感兴趣的。

赠品裂变还可以为我们带来后续成交和持续成交。

我们为赠品打上自己的印记，利用赠品为自己进行推销，别人看了之后觉得实用就会复购，给自己引流。

最重要的一点在于，要加强赠品对客户的诱惑性。越是具有吸引力的赠品，越能帮助商家进行裂变营销。

若是做不好这几点，你的赠品就会让你得不偿失。但若是做好了这几点，你的赠品就能为你完成裂变。

因此要谨记：产品再好，也不能忽视赠品。

举一反三：

分销裂变

分销裂变是一种与直销相对应的裂变方式，主要是通过分销软件进行裂变。分销裂变一般会利用现金或物质奖励刺激客户进行推荐，从而达成裂变。

这个裂变方式不仅适用于有客户资源的机构，也同样适用于无资源的机构。

一家新开的少儿培训机构，易凡为他们设计了招募宝妈兼职来进行分销裂变的模式。

第一步，组建团队。

用兼职招聘的方式，招募宝妈，组建100人以上的团队。

第二步，分销裂变。

先设计一张海报，宝妈只需要扫海报上的二维码，就能自动组建团队，自动分销。B宝妈扫A宝妈的海报，成为兼职，A宝妈就能获得分销佣金和一份精美礼品。

为何选择宝妈做兼职？

因为宝妈有时间、有妈妈之间的资源，妈妈们互相联系，可以持续裂变。

分销裂变是线下销售最喜欢的一种推广方式，在线上也颇受电商、微商的喜欢。企业通过社交媒体生成个人专属海报，在海报上附上二维码，就可以进行裂变。

分销裂变做得好，就能轻而易举地获得想要的结果。但是，做分销裂变还要注意一点，即分销裂变的层级问题。

一家新开的培训机构急需获得资源，机构的三个合伙人每天加 30 个新人微信，连续加 10 天，一共获得 1000 个新用户。

然后，他们在微信发布招聘兼职的信息，兼职的收入是一天 300 元 ~2000 元。

如何让兼职的人一天赚到这 300 元 ~2000 元呢？

机构可以开设一门课程，标明原价 800 元，现在只需要 198 元。

让兼职人员利用拼团软件发起拼团，把链接分享出去，有一个人在团里购买了课程，就立即获得 100 元佣金。

用二级分销模式，如果对方再帮兼职人员分享出去，有人购买，兼职人员就能再分得佣金 30%，就是 100 元 +30% 佣金。

此处所说的二级分销是不包括企业本身在内的，因此正确的算法应该是“一级分销+二级分销”，属于国家规定的分销范围，是一种合法的分销形式。

分销裂变的核心：

（1）当天结算，即时结算。

（2）一定要有足够的量。坚持的人，参与的人量足够大，裂变才能做好。

举一反三：

微信群裂变

案例一：

（1）设定3节引流课。该课原价99元，现在只要分享到朋友圈就可以免费听，加大课程的宣传力度。

（2）学员进群后，助理会告诉他们，现在有个“邀约有礼”的活动。

邀请3个人进群，可以领取“师资招聘手册”。

因为机构的其中一个痛点是不知道该怎么招聘老师，这本手册对校长、机构负责人非常有吸引力。

邀请5个人进群，就可以领取“24套招生方案”。

邀请10个人进群，除了可以领取这两套资料，还可以被邀请到高级社群，同时提供1对1线上解答问题。

由于鱼饵设计得比较吸引人，这次活动的裂变速度相当快。种子用户基数大，成交率自然就提升了。

另外，群分工明确，每个群都配有主持人、管理员运营，负责活跃气氛。

因此社群的活跃度高，大家愿意留下来互动，裂变的效果就好。

案例二：

一次偶然的机会，帮助自家小区门口新开的水果店做微信群裂变，使门店成功截流，业绩增长很快。

在聊天时，店长说自己不怎么赚钱，因为这家店旁边还有好几家知名的水果店。

易凡就帮他设计了一个方案，做了一个水果裂变。

当时正好是李子成熟的季节，在店里卖得挺火。

市场价 19.9 元一斤，成本价还不到市场价的一半。

于是，易凡提议让他拿李子出来做引流裂变的产品。

1. 引流裂变

设计一张扫码进群的海报，主题是拉 3 个人进群就送 1 斤李子。

很快，三个群就拉满了。

2. 截流

拉群后要进行群管理。易凡告诉店长，让他每天晚上 7 点 30 开始下红包雨，每天晚上 8 点进行抽奖。抢到第 8、

18、28、38 名的顾客分别获得不同的奖励。没抢到的顾客也可以获得优惠券，营造氛围。

这两步都是不赚钱的，目的是引流裂变，让客户养成在这家店消费的习惯。

3. 锁客

你要打败你的竞争对手，其中的一个主要办法就是让客户把钱交给你。

于是，易凡又帮他们设计了锁客的方法——办会员卡送电器。

一共 4 个等级的会员：500 元、1000 元、2000 元和 3000 元。

不同等级的会员有不同的折扣。但充值多少金额，可以获得等值的电器。

比如客户充值 500 元成为会员，就送他价值 500 元的家用电器。

客户自己出去买电器，也是要花这么多钱。在这里充值成为会员，不仅能获得电器，还能用折扣买水果。

由于易凡帮店长联系了礼品供应链，可以 1 折买下这批电器，因此这次微信群裂变的整套流程下来成本并没有想象中那么高。

用微信群裂变，需要注意几个细节。

（1）种子客户：就是微信群的第一批人。

种子客户非常重要，种子客户选得好，后续客户的质量就会高。同时也要思考如何才能让种子客户活起来，让他们愿意帮机构拉新。

（2）机制设置：给人一个拉新的理由。

要让人做事情，总要给一个巧妙的理由。

让人做事的理由离不开“名利”二字，人都有利己的一面，没有人愿意免费做事。

名：要让他们觉得，拉新是为了帮助朋友。

利：可以是金钱、礼品、咨询和课程等，一定是针对客户需要的，而且跟机构相关的。

（3）价值培育：给人一个留下来的理由。

如何让群里的人活跃起来，愿意留下来，这是未来转化的基础。

要让人愿意留下来，社群必须提供价值，这才是关键。

（4）设计无法拒绝的成交主张。

好的成交方案可以做到让客户主动消费，这需要用到很多技巧，例如拼团、限时限量等。

不同于服务号和任务宝，社群的互动性较强国，黏性较高、后期付费率也高，长期价值大。

社群裂变数量多，限制少，是目前裂变涨粉活动中比较安全的一种裂变涨粉方法，也是现在很流行的一种玩法。

社群里的人邀请指定数量的新人进群，参加裂变活动。

或者社群发出裂变海报，用户扫描海报上的二维码进入活动介绍页，或者直接进入群二维码页面，再次扫码进群。

进入社群后，群管理员要求新用户转发相关文字和海报并截图发回群内，才能继续留在群里，享受到社群发送的活动福利。

这就是社群裂变的整体流程。

用户想要进入并留在社群，只要帮助社群转发海报进行裂变就可以了。

进行裂变操作时，有一个对社群十分重要的工具，叫作活码。

普通的微信群，利用扫码进群的方式最多只能加入 200 人，若是将普通的群二维码制作成海报并传播出去，除去已在群内的自己，我们最多只能再加入 199 人，海报便失去了作用，这是无法达成裂变的。

因此，想要进行社群裂变，活码很重要。

活码每被扫描 200 次，就会自动进行更换成另一个群二维码，但活码本身固定不变。

这样一来，只需要在裂变海报上放置活码，就可以持续进行裂变。

也有人采用公众号 + 建立社群的玩法，例如关注公众号完成任务后加群，或者加群后需要关注公众号才可以领取福利等。

社群分为高端人脉群、中端人脉群和低端人脉群三种，分别有不同的管理和裂变模式。

低端人脉群可以利用免费、赠品来吸引用户，快速裂变出多个社群。但是低端人脉群鱼龙混杂，无法进行有效的管理，只能通过培训的方式过滤。

中端人脉群只要做好定期培训，群就可以一直活跃。

高端人脉群管理比较困难，因为群内很多人没有时间进群说话，更没有时间在群里一直待着。高端人脉一定要给大家一个机会，一起合作，做事共赢。

高端人脉群要尽可能多地组织线下聚会，把这些人脉资源抓在手里，这样事情做起来就比较容易些。

举一反三：

服务裂变

销售成交客户一次，服务成交客户一辈子。

做好服务，从企业的角度分析，体现一个企业的责任和担当，从员工角度分析，服务好客户不仅能为客户解决问题，提高满意度，在服务客户的过程中，自身也能快速成长。

在这里特别感谢我的老师，原IBM的高管肖旭东老师，他在十几年前教了我一个服务理念，让我终身受益。这个理念就是，无论做什么行业，一定要为客户做后续服务。

服务好一个优质客户，就像投入水中的一块石头，由一个点，不断延伸出更多的圈。

这块石头，就像优质客户，他对我们的服务满意了，甚至心生感恩，就会主动口碑传播，帮我们转介绍，最终裂变出很多个更优质的客户。而这些转介绍来的客户，还会不断裂变出更多新客户。

先服务好一个客户，帮他拿到好的结果，超出他的期望，进而裂变出更多更优质，更好的客户。

服务就像种子，一颗种子种下去，收获的时候，却是成百上千的累累果实。

服务裂变具体怎么做呢？

第一步，通过裂变招生帮助客户解决引流的问题。

第二步，引流后，额外赠送客户一套专业转化服务系统（包括方案、工具、流程和话术），直接帮客户完成新生续报，创造现金流。

第三步，超出客户的期望值后，教客户用简单的方式为我们现场转介绍。

目前为止，通过服务裂变，老客户为我们转介绍的客户超过千家机构，现在，我们的招生项目 90% 以上的业务都是老客户转介绍过来。

这里有两个核心关键点：

（1）一定要找到有影响力的那个人。

（2）要超出对方的期望。要在情怀、口碑上让对方认可你。

服务裂变，顾名思义，就是因为优质服务而产生的裂变模式。

服务裂变利用超出客户预期值以内的服务质量，使顾客的心理得到满足，赢得顾客口碑，完成裂变。

我们一般将这种除了满足顾客的正常需要，还有部分超出了正常需求以外的高质量服务，叫作超值服务。

顾客因为高质量服务而愿意远道而来进行消费时，这种超值服务就能完成裂变。

从根本上说，提供超值服务既是一种“价格战”，也是一种“心理战”。

“价格战”就是在不提高服务价格的同时，提供一些额外的服务，实质上就是变相降价。

对顾客来说，同样的价格可以多享受一些服务，成本也降低了，会获得更多的满足感。

“心理战”就是变相降价，由商家主动提出，可以充分地显示对客户的诚意，也可以借此拉近与顾客的关系，满足其心理需求，使顾客获得优越感。

超值服务的类型一般分为三类：

（1）售前超值服务；

（2）售中超值服务；

（3）售后超值服务。

怎么做好超值服务呢?

1. 真诚

用你真诚的态度打动客户。

有一个保险销售员，在得知自己的客户怀孕后，主动煲好了鸡汤，给客户送去。一碗鸡汤的物质价值并不高，但代表的是对客户的关怀。真心对待客户，客户也会更加信任你。

有一次我参加展会，结束的时候突然下起了瓢泼大雨，客户们都没有带雨具。主办方组织了志愿者，在展会场地的各个门口免费发放一次性雨衣。客户都被主办方的贴心所感动了。

2. 专业

用你的专业帮客户解决问题，创造价值。

除了为客户创造情绪价值，也要为客户创造专业价值。

比如一个工厂请了专业的审核人员，他不仅希望你能让他的工厂通过审核，更希望你能提出真正专业的意见帮助查漏补缺，让工厂的质量管理更加完善，减少不必要的损失。

服务做好了，口碑自然就会变好，裂变自然就会发生。

举一反三：

主题裂变

随着时代发展，现在的人越来越富有，对孩子的综合教育要求越来越高。

很多家长非常重视孩子在婴幼儿时期的教育，于是，很多贵族幼儿园也逐渐兴起。

一家高端贵族幼儿园，主打高端、国际和专业的教育品牌，投资了2.5亿，占地30亩。幼儿园主要采用博物馆场景式教学，由绘本博物馆、美术博物馆、科学博物馆、生活博物馆和音乐博物馆等组成。

除此之外，还有形体美学馆、体能运动馆，以及儿童剧场、室内恒温游泳池、角色扮演情景长廊、高尔夫小球场等场所，学生人均活动面积48m^2。

他们现在对外收费为6万元／年／人，加上伙食费等其他费用是8万元／年／人。

现在他们的学校只有400名学生，如果他们全校招满学生的话，可以招1000人，相当于还有600人的空间。

幼儿园园长和易凡说，只要能把适龄儿童父母带进园区体验，就能报名来上幼儿园。在沟通的过程中，易凡发现阻碍他们招生主要有4个问题。

（1）学费相对于普通幼儿园来说比较高。

这个学费面对的人群和普通幼儿园面对的人群完全不一样。所以，用普通的幼儿园招生方案基本无效。

（2）他们的幼儿园位于城乡接合部，离市区远，周边的大型楼盘也不多。

要做什么样的活动，才能促使这些高收入家长愿意来幼儿园参加活动，甚至愿意把孩子交给这里？

（3）时间不利好，很多适龄儿童的家长已经提前预订了幼儿园，还不到年龄的，现在好像又还不着急。

（4）最核心的问题是，怎么才能找到大量的、有高收入并且家里有适龄上幼儿园的孩子家长来到幼儿园体验？

这些是迫在眉睫需要解决的事情。

有一天晚上，易凡正在房间里冥思苦想，两个宝贝跑进房间，要拉他一起去看《变形记》。

听到《变形记》三个字，一直苦苦思索，找不到答案的问题忽然就有了思路：对呀，我完全可以为小朋友们举办一个变形记的活动主题呀！

经过两天的思考和周密策划，他准备了一个完善的活动引流方案：

他决定在这个幼儿园里举办“贵族少年变形记”的主题活动，定向邀请有一定消费能力的家长带着适龄孩子来参加这个活动，在活动中再进行转化。

他把方案做好后，马上跟对方的投资人和管理层约时间见面，他们听完易凡的方案后，也觉得非常不错。

得到初步确认后，他们正式确定了合作框架。

首先，在8月份的时候，举办一场盛大的“贵族少年变形记暨两周年庆典”活动新闻发布会。

以“贵族教育，为孩子铺路”等主题作为新闻报道，邀请很多本地记者和自媒体参加。通过回放这所高端幼儿园开园两年来的点点滴滴，阐述了他们独特的办学理念。

在新闻发布会中，易凡特别举行了一个说明会。

他首先给大家讲解了一些西方贵族文化的故事，以及西方贵族经常举办高端私人聚会的目的和价值。然后在现场推出“贵族少年变形记与机构两周年盛宴”晚会活动。

台下的家长和小朋友听完他的分享后，纷纷想了解如何参加这个活动？这时，易凡顺势公布了参加活动的要求，每个参加活动的小朋友都有机会邀请一个亲密伙伴组队来参加，男孩叫作“骑士团”，女孩叫作“公主团”，被邀请参加的人，必须经过机构审核。

参加本次活动能获得哪些价值呢?

第一，团队精心设计了一个为期 7 天的“贵族少年变形记特训营”，请了 5 个来自英国、韩国和法国等国家的知名老师亲自训练这些孩子学习贵族礼仪、西餐、模特、舞蹈和形象等。

7 天特训营定价为 36800 元，名额十分珍贵，并且只能采用定向邀请制。针对邀请而来的精准小朋友，审核通过后，方可免费参加。

为此，易凡给精准的家长做了明确的客户画像，希望以下家长带着孩子来幼儿园参加活动。

（1）首先，是周围 15 公里以内的高档小区业主，因为幼儿园接送的问题，太远比较难接送。

（2）家长年龄在 35 ~ 40 岁之间。这些人事业有成，他们对下一代的教育异常重视，有能力轻松地支付学费。

团队围绕着这两大要求，进一步思考：同时符合这些要求的家长，他们会出现在哪里呢?

过去，他们都是围绕着高端小区去寻找，围绕商会去寻找，围绕着各种组织去找客户。但是，都很难确保高效地批量找到这些精准人群。

现在他们终于明白，要想快速找到这些最精准的准客户，最好的办法就是利用现有的 400 个学生的家长!

因为，每个人都有自己的生活圈子，能把孩子送到这个学校的，他们的圈子里的人也大部分都是这个层次的。

而且，大部分家长，他们认识的闺蜜、朋友也是同龄人居多，大家的孩子都差不多大。

于是，易凡让幼儿园的园长制作了 400 张精致邀请券，给现有的 400 个学生每人 1 张，让他们去邀请和他们同龄的小伙伴来参加 7 天的活动。

通过审核的，由幼儿园发出邀请函，正式邀请他来免费参加 7 天特训营。

大概用了半个月的时间，幼儿园就审核通过了 400 位小朋友来参加这次的特训营的学习。

在这 7 天的特训营里，所有的小朋友快速地得到了蜕变，无论是外形和内在气质都越来越像一名高贵的王子和优雅的公主，不但变得更加懂礼貌，而且还学会了各种技能，家长非常震惊。

在这 7 天的课程里，团队巧妙地嵌入最擅长的转化系统，最终有 300 多名新生报名，其中不乏已经在别的机构报了名的家长，他们宁愿在别的机构退款，也要来这所幼儿园。

幼儿园正常都是学习 4 年的时间，每年的学费是 8 万元，一个孩子四年的学费是 32 万元。那么这次活动招到的 300 多名新生，在未来的 4 年里能给机构带来多少收入，是显而易见的。

有很多高端机构都说招生很难，其实高管机构招生的关键点不在于学费的高低，而是在以下三点。

（1）活动主题的巧妙设置；

（2）能否找到精准匹配的精准客户群体；

（3）能否巧妙设计有吸引力的转化成交策略。

举一反三：

任务裂变

顾名思义就是通过做任务来裂变。

比如常见的 ××× 免费送，条件是要转发海报到朋友圈，引导别人加你的微信。

这里的产品设置一般是常见的、实用的。

标准你自己定。

可以这样做，比如 A 转发海报到朋友圈，引导 5 个朋友加我们的微信，我们就送这个产品。

或者 A 转发海报到朋友圈，引导 A 的朋友加我们微信，在我们这里消费了，才送这个产品。

任务裂变，无论是线上还是线下都能这么玩。

产品可以是虚拟的，可以是实物，也可以是现金卡，这个现金卡最好是能在你这里消费的，裂变完后还能增加你的销量。

不要做虚假的任务裂变，要大家努力一下就能获得这件，有利于他们帮你做信任背书，引导更多人来加你微信。

举一反三：

文案裂变

吸引眼球，促进购买，自动传播。

如果说你的软文只是吸引眼球，但是没有促进购买，它就是无效的。

很多所谓软文写得很好的人，你看完之后往往感觉不知所云，你不知道你该做什么，或者你看完之后不想买东西，那么这就是无效的。

所以软文裂变要从吸引人眼球上下功夫，更要从促进购买上下功夫。让别人愿意看这篇文章，更愿意买，买完还愿意复购，这个就是一个比较好的软文了。

怎样写一篇软文，其实很简单，但需要你不断练习。

首先标题一定是读者关心的东西，而不是你要说的。

比如你直接写卖东西，就不行。你要写的是大家都关注的东西，这就是前文提及的利他思维。

大家对什么感兴趣，你就起什么标题。

软文最容易被传播的就是故事，讲一个故事给大家听，那么大家就愿意看下去，所以软文的标准其实就是故事。

举一反三：

海报裂变

海报要怎么裂变呢?

其实海报只是活动裂变的一个工具，但是如果海报设计得好，用户只需要看海报就能实现裂变。

海报裂变设计的六要素

以李鲆的“朋友圈成交倍增”海报举例:

1. 主标题

主标题要放大，最好能在朋友圈的缩略图中不放大也能看到你的活动主题。

“朋友圈成交倍增”就是主标题，这几个字大约放在海报中间位置。这样发朋友圈，即使不点开大图，也能清晰地看到主题是什么。

想知道朋友圈要怎样成交倍增的，就会点击了解详情。

如果放在图最上方，朋友圈缩略图就会吃字，中间的文案小，大家也看不清，直接影响海报点击率。

2. 文案

最好能解决某个具体问题。

“朋友圈成交倍增”很明显是解决朋友圈成交问题的。

下面三行文案，是对这个主标题的补充说明，进一步诱导大家去了解这个课程。

文案应该全面一点，一张好的裂变海报应该有以下文案：主标题、副标题、讲师介绍、课程介绍、价格、开课时间、讲课途径和报名入口等。

3. 信任背书

有些课程往往不是因为课程内容吸引，而是讲师名气大，机构名声响。

我们就要把这些信息提炼上海报，吸引大家来听课。

就算你的名气不大，但你在自己的小圈子里能说上话的，也可以。

4. 紧迫感

要体现出紧迫感，比如仅限 ×× 报名，给一个倒计时，或者给一个价格锚点。

“朋友圈成交倍增”的限时 3 元就是一个价格锚点，而且“限时”两个字也体现出了紧迫感。

5. 短期利益

如果你的课程价值比较高，你可以设计一些价值高的虚拟产品。比如价值 ×× 元的一对一服务，进群即送价值 ×× 元的 ×× 电子书等。

注意，一定要凸显价值，让大家觉得你的课物超所值。

6. 转发赠品

这个赠品可以是分佣，实实在在的金钱，也可以是上面说的价值高的虚拟产品。

转发海报即送 ×××，如果对方感兴趣，会很愿意把这个课程分享出去。

海报裂变的流程

除了这六要素，我们还要了解它的整套流程。

（1）粉丝获取专属海报；

（2）邀请好友扫码关注助力（订阅号关注后需回复邀请码），上级获得助力提示；

（3）邀请人数达到商家指定任务数量，系统自动提示任务完成，粉丝领取奖励。

这是最重要的三个步骤，每个步骤的连接都要流畅。如果不流畅，裂变效果将大大降低。

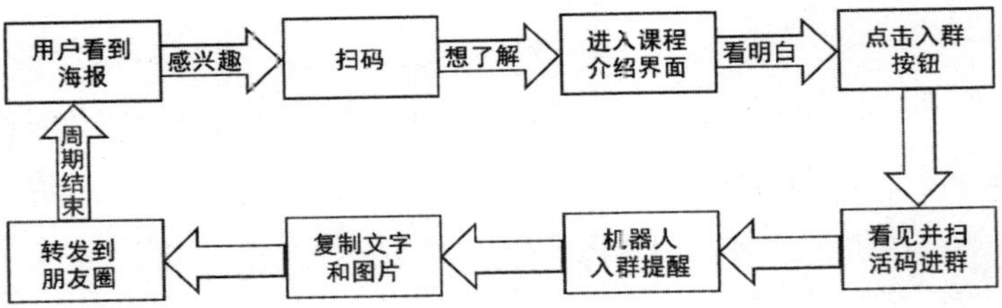

举一反三：

互推裂变

什么是互推裂变

互推裂变法就是本着互利互惠的原则，和周围的其他人合作的一种裂变方法，找各行各业的朋友互相推荐加粉。

很多时候，我们并没有那么多的资源可以用来进行广告宣传，增加流量。这个时候，通过与各行各业的朋友进行合作，互相推荐，扩大交际圈与朋友圈，就能够增加客户。

互推裂变要执行起来难度不小，光是要找到愿意和你互推的人就不容易，精准度也不好说，但是还是值得一试。

互推操作简单，效果明显，可以持续加粉，而且大部分都是精准的、高质量的粉。

你每天找一两个人互相推荐，持之以恒地做下去，坚持半年到一年，自然就能吸引来更多的粉丝，给自己的朋友圈进行大换血。

一旦成功，你的流量就会瞬间扩大好几倍。

互推裂变最重要的是文案

想要互推裂变，首先要有互推文案。

互推文案怎么写？

首先，你要了解互推文案的五个要点。

1. 场景

什么场景呢？

比如你要推的是课程，你可以说我正在上课，这种拥有场景的文案会让你的文案更具故事性和真实性。

这样的文案会让人觉得更可信。

2. 关系

你与你推荐的这个人是什么关系，你为什么要推荐他？

比如你是学生，你推荐的人是你的老师，或者相反，只要你和他有关系，那就会让人觉得拥有亲切感，同时信任感更强。

3. 定位

你需要让阅读这篇文案的人知道，你推荐的这个人是个什么样的人，他有什么样的成绩。

你说出来，就会让人知道这个人是不是很厉害，是不是具有权威性，他说的话、出的书具不具有质量和可信度，他的东西值不值得买。

4. 价值

你推荐一个人，就需要向阅读者说清楚你为什么要推荐他，而我们为什么又要关注他，他能给我们带来什么价值。

打个比方，你想要推荐李鲆的课，你就要让人知道，李鲆是个什么样的人，李鲆能给你带来什么，你需要给个理由。

5. 门槛

没有门槛的推荐会让人觉得进入太过简单，觉得没有价值，就不懂得珍惜了。

因此，必须要设置门槛，有门槛的文案才是一个好文案，它可以让人觉得机会难得，需要珍惜，更容易接受推荐。

这个互推文案，它的门槛设计就是，要提你的名字，更容易通过。

一是设置了门槛；二是提高了你的身价；三是我们也可以知道哪些人是有价值的。

拥有这五个要点的互推文案，加上二维码，可以提高互推效果。

互推也是有技巧的。

你需要自己写好一段互推文案，配好二维码，让对方直接发，或者稍微改动就能发。这样的效果很好。

我们在任何时候都要注意，不要给下一环节增加麻烦，这应该成为我们做事的一个准则。

给大家示例一下：

推荐我的老师、《多赚一倍》作者李鲆！

他是专业的出版人，也是优秀的创业导师，辅导过多家企业和个体创业者，在短期内收入倍增！

扫码加他，就赠送《多赚一倍》电子书。

提我名字更容易通过！

学会写文案，你的互推就完成了80%，只要你向朋友或者同事推荐出去，就可以完成高品质裂变。

互推其实就是找各行各业的老板互相推荐加粉。因此，除了文案，对互相推荐的人也需要进行选择。

如何选择推荐者

有一家公众号最近组织了8家公众号完成了一次互推，结果喜人。

短短一周时间，每个公众号的粉丝都增加了800~1000左右。

这是一次成功的互推裂变。

这几家公众号其实都具有一定的关联性。

这就涉及了推荐人的选择。

推荐人业务之间一定要有关联性。

比如，李鲆现在是做课程培训，尤其是创业营销类的课程，那李鲆所需要的也就是有这方面需求的粉丝。

如果说帮他做互推的是一个企业管理者，他们之间就有着很强的关联，他所接触的人群就会有很大部分可能成为李鲆的粉丝。

这个时候的互推就是成功的。

但是如果说帮李鲆做推荐的是一个娱乐服务业的人，他们之间的关联性就会小很多，他所接触的人群与李鲆的课程受众定位就会有偏差，李鲆涨粉的可能性就会小很多。

所以说做互推对于推荐人的选择也是十分重要的。

帮你做推荐的人，与你关联性越强，你涨粉的机会就会越多；帮你推荐的人数越多，你涨粉的可能性就越大。

这是成正比的。

一个好的互推文案可以帮你完成 80% 的互推裂变，那么剩下的 20% 就在于推荐者。

只要做好了文案，选择好了推荐者，你的互推就能成功。

你的裂变就是一次成功的裂变。

举一反三：

共享流量池裂变

共享流量池就是通过两家或多家企业进行合作，分享出自己现有的用户，同时将合作企业的用户变为自己的用户，从而扩大流量，实现裂变。

一家烧烤店开业两年，消费用户逐渐饱和。为了扩大市场，烧烤店决定与附近的一家早餐店合作。早餐店早上营业，中午就关门，烧烤店晚上营业，与早餐店基本没有冲突。

两家老板商量了一下，推出一个活动：凡是在烧烤店消费 200 就送 300 元早餐券，吃早餐的人每天一次，每次扣 15 元，可以赠送给其他人，一个月内有效。早餐店顾客听说有这种好事，晚上就到该烧烤店进行消费。

就这样，顾客成了裂变客源，两家店的生意越来越好。

小张新婚不久，用了不到一年的时间就买车又买房。问及原因，他说："我其实做了三步。第一步，在网上收集

100 家婚纱影楼的电话。

“第二步，给影楼挨个打电话，告诉对方我手上有大量的客户资源，每成功一单只要交付 20% 的收益即可。唯一的条件是影楼需将店里已经成交的顾客资料交给我。

“第三步：同样收集 100 家婚庆公司的电话，按第二步说的话再说一遍。

“这样，我就可以实现对等交换。影楼已经成交的客户资料留着也没有用，但交给婚庆公司就有用了，影楼和婚庆公司客户交换，就会产生新的订单。1 万个客户中成交 100 个不算难，如果按每套婚纱照 5000 元，每次婚庆策划 1 万元来算，一返一付，20% 收益就是 30 万元，我就能获得 30 万元的收益。”

共享流量池并不是企业的专利，个人也可以利用共享流量池进行裂变，从中获得巨大的流量和收益。

举一反三：

荣誉裂变

我们小时候也许都受过来自老师或家长的表扬，每次被表扬的时候，我们的心情都会变得非常好，想要跟别人分享这件值得高兴的事。

尤其是我们在获得什么奖状证书的时候，这种心情就更加放大了，恨不得让全世界都知道。

荣誉裂变其实就是利用这种想要分享自己成绩的心情而产生的一种裂变方式。

公文教育的奖励机制

公文教育是一家由日本的培训机构，主要就做 1 年级到 12 年级的数学和英语培训。

这个教育机构可能国内很多人都没有听说过，但在日本却是人尽皆知。

在中国，公文教育只在北上广深拥有很少的几个培训中心，但在日本国内，公文教育却一共拥有16200间公文教室，学生人数高达160万名。

而日本以外，目前有50个国家在推广公文教育，共有8600间公文教室，学生人数达268万名。

“公文数学”是日本经过长期实践检验而推行的一种数学训练模式。

它的优势在于培养学生的自学能力，养成良好的学习习惯，提高学习时间效率和计算准确性。

前几年日本的一部电影《垫底辣妹》中女主角进入的培训机构就是这样的公文教育模式。

一位家长在为孩子选择数学培训机构的时候，朋友给他推荐了公文数学。

公文数学确实很好，完全不用具体辅导，孩子自己跟着教程，就能够把1到12年级的数学完全掌握。

于是那位家长就让孩子去公文学数学，上了两年，每天都雷打不动地做上半个小时的数学练习。

孩子不但把数学基础知识掌握了，还养成了很好的自学习惯。

移民加拿大之后，该家长发现加拿大也很多公文培训中心，于是继续上公文。

现在孩子读 12 年级了，公文数学基本上也学完了，他的数学成绩一直都是 95 分以上。

公文教育的客户基本上都是老客户介绍来的。同时，公文教育中心每年都会做两次以上的现场颁奖会。

这样的颁奖会有点像派对，只要你上了公文，就会给你颁奖。

学员也可以邀请自己的同学、邻居和朋友一起过来见证自己获奖了。

很多学员都会邀请几个好朋友一起过来，因为不但可以看到自己的获奖情况，颁完奖了还有游戏和点心时间，大家可以很开心地玩。

只要孩子过来参加，大人也会跟着来，因为孩子没有办法自己来，需要大人接送。

很多大人看到自己孩子的朋友在公文教育中心取得了好成绩，养成了自觉学习的好习惯等等。

这些大人都会非常好奇，会想了解一下，家长可以直接咨询教育中心的老师。

经过咨询，家长会为自己的孩子报名参加公文培训。

在潜移默化中公文培训中心完成了新用户的销售工作。

这其实就是一个荣誉裂变的全过程。

荣誉裂变的核心是奖励

通过公文教育的例子我们可以发现，荣誉裂变的核心其实就在于企业的奖励机制。

公文教育中心每年都会做两次以上的现场颁奖会，这相当于每年都有了两次固定的荣誉裂变的机会。

孩子们获得荣誉后的喜悦与虚荣心促使他们想要与朋友分享，而家长看到别的孩子获得荣誉因为望子成龙的心理也想要让自己的孩子更进一步。

这就促成了荣誉的裂变。

这份荣誉可以是客户获得的荣誉，也可以是员工所获得的荣誉，又或者是企业本身或产品本身所获得的荣誉，只要有荣誉，就可以进行裂变。

荣誉裂变的方式主要是以老带新

公文教育进行荣誉裂变的方式主要是以老带新。

一般而言，我们对广告的信任度是很低的，所以，即使在广告上宣传了获得的荣誉，我们也会自然地为其扣掉一些分数。

然而以老带新却是不一样的。

潜在的新客户一般是老客户的朋友或者熟人，至少也是认识的人，对老客户天然拥有一定的信任度，对老客户的情况也有一定的了解。

在老客户获得了荣誉之后，新客户也会对这个荣誉的真实性予以肯定。因此，这些潜在的新客户也会因为见到成效而选择公文。

荣誉裂变虽然比不上其他的裂变方式，但确实是十分容易获得好口碑的一种裂变方式，可以为企业的品牌形象做出十分正面的导向。

其实很多产品可以进行荣誉裂变，只要我们设置好奖励方式，努力做好产品和服务，就可以进行荣誉裂变。

举一反三：

加盟裂变

加盟裂变其实是一种比较经典的裂变方式，经典胜在百看不厌，百试不爽。

加盟是加盟连锁总公司与加盟者之间的持续契约关系。

根据契约，总公司必须提供一项独特的商业特权，并加上人员培训、组织结构、经营管理和商品供销等方面的无条件协助。

而加盟店也需付出相对的费用。

加盟特许的经营形式种类有很多，依出资比例与经营方式大概可以分为自愿加盟、委托加盟与特许加盟。

必胜客初进中国市场时，面临着肯德基、麦当劳两大快餐巨头的巨大威胁。肯德基、麦当劳都属于快餐类市场，而必胜客的主打产品比萨，在国外只属于中低消费的食品。

为了在中国市场占有一席之地，必胜客把目标用户瞄准在中青年白领这一具有很强购买力的消费人群，充分满足目标消费群的需求。同时，为了扩大市场，它们采取加盟制度，实行餐饮连锁。

如今，必胜客欢乐餐厅连锁加盟门店在中国达到了 300 多家，遍布 80 多个城市，获得了很大的成功。

加盟裂变的方式其实很多企业都在使用，例如星巴克、肯德基和味千拉面等国际品牌。

方法老不是问题，只要学会用，老方法也能玩出新花样。

举一反三：

代理裂变

先培育核心代理，核心代理再培训小代理，发展新的代理，这就是代理裂变。

听起来很简单，实际要怎么操作呢?

（1）把规则、方法做成小白都能看得懂的 SOP（标准操作程序）。

核心代理本来业务就做得很好很忙，她自己可能都还需要助理帮她工作，哪有什么时间去发展新的代理，培训小代理呢?

这时候，如果我们能把规则、方法都做成小白都能看懂的 SOP，就能大大地减轻核心代理带人的压力，让她迅速帮你发展新的代理。

（2）给代理信心。

有些核心代理做业务可以，带人可能就没信心，他觉得自己的资格还不够。

我们要帮她转变思维，多鼓励鼓励他，多帮助他建立起信心。

举一反三：

挑战裂变

什么是挑战裂变?

肯定有很多人不知道，但如果问什么是病毒式裂变，这个问题应该就会有很多人知道了。

什么是病毒式裂变呢?

病毒式裂变就是指发起人发出产品最初信息到用户，再依靠用户自发的口碑宣传的一种裂变方式，由于其原理和病毒传播方式类似，因而称之为病毒式裂变。

病毒式裂变不通过公众媒体和主流媒体进行传播，而是利用其他一些自媒体和私人用户进行传播，一传十，十传百，百传千，千传万。

挑战裂变就是病毒式裂变的一种，通过发起挑战的方式将信息发出，再通过用户挑战和指名进行转发和裂变。

前几年的一个著名活动就属于典型的挑战裂变。

这个活动就是冰桶挑战。

冰桶挑战，全称“ALS冰桶挑战赛”，要求参与者在网络上发布自己被冰水浇遍全身的视频内容，然后该参与者便可以要求其他人来参与这一活动。

活动规定，被邀请者要么在24小时内接受挑战，挑战成功者可指名其他三人进行挑战，要么就选择为对抗“肌肉萎缩性侧索硬化症”捐出100美元。

这个活动旨在让更多人知道ALS这一罕见疾病，同时达到募款帮助治疗的目的。

ALS全称“肌肉萎缩性侧索硬化症”，俗称“渐冻人”病。全球著名的伟大物理学家史蒂芬·霍金就患的是这种病。

冰桶挑战活动发源于波士顿学院的著名棒球运动员皮特·弗雷茨的朋友和亲戚，他们正与ALS疾病抗争中。

这场冰桶挑战很快席卷全球。

美国科技界著名人士，诸如苹果CEO库克、微软CEO纳德拉、亚马逊CEO贝索斯、特斯拉创始人马斯克、谷歌联合创始人拉里·佩奇和谢尔盖·布林、Facebook CEO扎克伯格等都接受了挑战。

2014年8月18日，奇虎360的CEO周鸿祎接受ALS冰桶挑战，将混合了冰块的冷水倾头而倒，同时点名腾讯马化腾继续接受挑战，该挑战蔓延至中国互联网圈。

随后，不少娱乐圈、科技圈和运动圈的著名人物纷纷参与进来。

刘德华、周杰伦等娱乐圈明星都欣然接受挑战。

截至 8 月 20 日，捐款数已高达 1140 万美元。

远超 2013 年同期收到的 170 万美元捐款。

零成本，高爆发，短时间内引爆互联网，“冰桶挑战”无疑是一次成功的病毒式裂变，也是一次成功的挑战裂变。

挑战裂变是病毒式裂变的一种具体裂变模式。

病毒式裂变要素有三个：病原体、易感人群和传播方式。

挑战裂变同理。

首先是裂变点。

在冰桶挑战中，挑战的裂变点或者说发源点源于美国 ALS 协会，为了让世界关注 ALS 病症而发起的慈善活动。

冰桶挑战的病原体并非具体产品，而是以慈善为目的，期望引起大众对肌萎缩性脊髓侧索硬化症的关注，募集善款，其病原体并未刻意设计和制造。

其次是挑战人群。

冰桶挑战的挑战人群可以分为四类：

一类是真心受到 ALS 协会感召关注渐冻症的热心群体；

一类是因为冰桶挑战本身的极大挑战性而十分感兴趣的好奇群体；

还有一类是因为冰桶挑战受到的关注度极大而试图博

取关注的凑热闹群体；

最后一类是因为受到指名而被迫进行挑战的部分群体。

有影响力的挑战群体参与挑战活动，是冰桶挑战成功的关键之一。

冰桶挑战中，全球政、商、文娱等各界标杆人物纷纷被点名参与，他们拥有的话语权与关注度，本身就是一种巨大的传播力。

最后是裂变方式。

冰桶挑战的裂变方式采取“1变3”的裂变方式，利用自媒体上传挑战视频，并指名另外三人24小时内接受挑战并转发，否则将需要捐款100美元至美国ALS协会，用于渐冻症患者的治疗与药品开发。

裂变的方式其实很简单，就是不断地1变3，尽管只是简单的1变3，之后却会发展成3变9，9变27，27变81……

一直不断地裂变下去，就会成为一组可怕的数字。

正是因为裂变方式的强大，才有了这场席卷全球的冰桶挑战。

我们想要扩大流量，为自己的商品增加销售额，也可以使用挑战裂变的方式。

挑战裂变只需要满足以下三点要求就可以进行：

第一，准备好产品，也就是裂变点；

第二，设置好挑战方法；

第三，设置好与产品相关的裂变方式。

只要满足这三点，就可以开始裂变，裂变程度与挑战方法的趣味性以及产品兴趣点成正比。

挑战方法趣味性越强，产品兴趣点越高，裂变的程度就越厉害。

想要增加流量，扩大销售面积，可以试一试挑战裂变。

举一反三：

图书裂变

传统出书赚不了多少钱。

比如你在出版社拿版税，出版一本书，可能赚两三元，卖一万本书就是两万元，卖十万册，就是赚二十万元，赚不了多少钱。

因此，如果我们要出书，一定要把书当工具，让书来帮我们裂变。

图书要怎么裂变呢?

李鲆曾帮肖森舟策划过一本书《微信营销108招》，这本书给他带来了很多不可估量的效益。

李鲆和肖森舟做了什么动作呢?

顺应时势

策划这本书的时候，正好赶上了微商赚钱的风口。

当时还没有人出版图书教微商做营销，于是李鲆和肖森舟整合了微信营销的108种方法，言简意赅的内容不仅易读，操作起来也十分简单。

《微信营销108招》面世后，成了微商人手一本的读物。

众筹出书

李鲆虽然是个作家，但在当时的微商圈名气并不算大，肖森舟更是一个新手作家。

于是，李鲆用了一个好玩的模式：众筹出书。

意思就是在圈子里跟大家说，我们要出书了，邀请大家来书里占一个坑位。

跟大家说明这个坑位的好处，比如读者看到你的信息出现在图书里，就会主动联系你，帮你增加流量。

相当于给一个机会让大家在这本书里打广告。

每个坑位收费也不是特别高，有些创业者就想来试一下，如果真有李鲆和肖森舟说得那么好，那这笔广告费就出得非常值。

于是，这本书还没上市就已经众筹到了资金，还裂变了很多好的资源，有些创业者会互相推荐，李鲆和肖森舟的圈子也在合作裂变。

微商模型

李鲆还为这本书设计了一个好玩的模型，做了一个类似微商的裂变模式。

肖森舟出去活动的时候，总是背着一个大书包，里面装的就是这本新书，逢人就送，肖森舟跑遍了大半个中国，这本书就送到大半个中国。

有些老板读了之后觉得很好，又联系了肖森舟，买了很多书送给自己的代理，当培训手册。

有些刚出来创业的小微商，读了这本书，又联系了肖森舟，成了他的代理。

举一反三：

SEO 裂变

相信很多人之前都不知道 SEO 是什么，毕竟这是一个比较专业的词汇。

SEO，全称 Search Engine Optimization，中文译名为搜索引擎优化。

搜索引擎优化即在了解搜索引擎自然排名的基础上，对网站进行内部及外部的调整优化，改进在搜索引擎中的关键词自然排名，获得更多流量，从而达到网站销售及品牌建设的预期目标。

简单地说，就是可以通过搜索引擎优化，提高关键词的排名和点击率，获得更多流量，以增加打开量和交易量。

而 SEO 裂变自然就是借助搜索引擎优化以达到裂变的目的。

大家都了解互联网的发展史，有三大发展阶段：

（1）Web1.0时代，是“堆”的阶段。

在互联网刚刚兴起的时候，网站信息开始像货物堆积在那里，用户能够被动地获取一些信息，网站以门户网站为主。

（2）Web2.0时代，是“搜”的阶段。

用户可以通过搜索引擎去搜索自己所需要的信息，如他可以通过谷歌或者百度去搜索所需要的信息。

（3）信息大爆炸时代。

这时候各行各业出现了大量的网站，这些网站的竞争相对很激烈，所以这些网站如何去获得用户呢？这就需要推广。

搜索引擎就是诞生于“搜”的阶段，然后普及于推广的阶段。

国内SEO真正发展是在2004年~2005年之间，随着SEO的兴起，很多公司成立了自己的SEO部门。

目前，国外的常用搜索引擎分别是谷歌、雅虎、必应，而国内的常用搜索引擎则是百度、360和搜狗。

SEO获取流量的过程大概是这样的：

（1）先了解用户的需求，需要了解网站目标客户的需求有哪些。

（2）通过信息分析创建满足用户需求的网站。

（3）建好网站之后，我们就需要手段获取免费流量和用户需求，并引导用户的需求。

（4）满足、引导用户需求，这是一个不断循环、不断优化的过程。

很多人可能就疑惑了，我们做生意，卖产品，为什么要做 SEO 呢?

原因有三点：

第一，商家越来越多。

我们现在正处在信息大爆炸时代，每天都会有大量的信息充斥在周围，尤其是进入互联网时。

我们做产品销售的，发出的每一条信息都很重要，因为那没准会给你带来一个大单子。

然而现在每天都会有数不清的人投身在产品销售当中，商家越来越多，分到的流量资源就会越来越有限。

在流量资源十分有限的情况下，如何分配就需要通过一系列的规则和机制来筛选。

如果能在这样的规则和机制中获得更多流量，就意味着有更多的销售额。

第二，你的产品竞争越来越激烈。

竞争越来越激烈的原因正是因为商家越来越多了。

例如在天猫或者淘宝上，你随便搜索一个产品，你都可以看到数不清的来自不同商家的产品。

每个商家都想卖得更多，于是就降价，价格越来越低，价格战就越来越激烈，产品的利润空间就越来越小。

这个时候，若是能够通过SEO进行排名优化，就相当于抢占了先机和有利位置，自然利润就会越来越高。

第三，广告费水涨船高。

在互联网发展早期时的产品销售数量较少，人们仅凭自然搜索就可以找到，基本上不需要付费推广，运行成本也较少，那是一个流量红利时代。

然而红利时代早已过去，商家数量的增长使得广告成本也越来越高，人们不得不花更多的钱进行付费推广。

在这种情况下，商家如果做好SEO就可以节省更多的成本。

而只要你做好了SEO，你的流量就可以成倍增长，直接完成裂变。

SEO要怎么做才能完成裂变呢?

既然是SEO，自然要依靠于搜索引擎，也就是百度等搜索引擎。

百度的搜索内容是如何呈现的呢?

首先百度会在网上对网站进行机器抓取，将网页内容和html代码收录到百度的数据库中。

第二步是预处理，即对网页提取文字，分词，去停止词，消噪，去重，提取关键词建立索引，最终根据这些内容计算出网页的权重。

网页权重决定了网页在搜索当中的排序。

第三步就是排名，百度会对数据库中的网页，根据计算出的权重进行排名，再进行一次过滤，也是最终体现在搜索结果页面的顺序了。

在这里有一个词汇要进行解释一下，那就是权重。

权重值是决定网页在搜索结果中的排名顺序的。

权重值 1 ～ 10，数值越高，权重越大。

优质的反向链接的数量，也会提高权重值。

所以我们做 SEO 优化，也就是在想办法提高权重值。

想提高权重值就要从内部和外部分别进行优化。

内部优化，即内容优化以及结构优化；外部优化则是外链优化。

SEO 最重要的一点就是关键词，其实就是加大关键词的权重，就能获得流量，完成裂变。

举一反三：

反差萌裂变

什么是反差萌?

这是一个在 2006 年兴起的概念，发源于二次元，即动漫游戏轻小说相关产业，现已成为二次元文化中极为常见且重要的一个属性。

萌，就是可爱的意思。

而反差萌，则是指人物表现出与原本形象不同的特征或是多种互为矛盾的特征同时存在，不同的特征之间形成反差对比却又相互衬托。

反差萌的表现形式多种多样，可大体归纳为时间空间反差、性格反差、外貌形象反差等。

具有反差萌属性的人往往会因为多种不同特征之间形成的强烈反差而让人觉得十分可爱，从而吸引住大量喜欢这种反差的人进行关注和转发。

这时，反差萌就可以形成裂变。

6 月、7 月是毕业季，这段时间许多大学生陆陆续续迎来了自己的毕业典礼。

在一所高校的毕业典礼上就发生了这么一个有趣的反差萌裂变的故事。

福建一所大学迎来了一年一度的毕业典礼，3700 多名毕业生齐聚一堂，准备拍摄毕业照，这时候一个小小的意外发生了：

一位博士毕业生两岁的孩子出现在拍照现场，抢在校领导之前毫不怯场地走到前排与毕业生握手。

现场的工作人员说，在毕业生们排着队准备大合影的时候，小男孩儿突然跑出来，落落大方地握了 30 多个博士、硕士毕业生的手。

直到后面握手的人多了，所有人都将手伸出来等着他，小男孩儿才怯了场，投入到爸爸的怀里。

小男孩儿的爸爸是该校的博士毕业生，当天他带着家人来参加毕业典礼，孩子原先是由妈妈带着，但第一次见到这么多人的他十分兴奋，吵着要找爸爸，趁着妈妈不注意的时候就冲到了前排。

当天晚上，这个小小的意外就冲上了腾讯视频与新浪微博的热搜，点击量居高不下。

网友在点击观看之后纷纷评论称小孩儿是“社会我大

哥”“未来的领导”“社会接班人”等。

不少人调侃说小男孩是“毕业典礼上的最大咖”。

那么问题来了：

就这么一个小小的意外，为什么会上热搜呢？

为什么可拥有居高不下的点击量与关注度呢？

原因就是反差萌裂变。

反差萌进行裂变的要素主要有两点：

第一点，萌！

也就是可爱，有萌点！

这一点至关重要。

萌是反差萌裂变的中心，没有萌，什么都无从说起。

就像故事里的小孩子，如果他不是萌萌二头身的小孩子，而是成年大汉，你还会感兴趣吗？

你不会。

萌这一点本身就具备着非同寻常的吸引力，可以迅速吸引到大量的人进行关注。

例如日常生活中，小孩子、小猫、小狗就经常因为十分可爱而产生大量关注，每当网络上出现可爱的小孩子或者小猫小狗都会吸引一大群人前来围观。

反差萌裂变的第二个要素就是，要有强烈反差。

故事中的小男孩与萌萌的外表不一样，泰然自若气场十足地与毕业生握手，小男孩的模样与性格就是强烈的外貌反差。

而小男孩握手与之后投入父亲怀里这两个前后不一的动作又构成强烈的行为反差。

对比反差越大，就越具有吸引力。

反差加上萌，就是吸引力与吸引力的双向融合，会让吸引力倍增。

当然有一些人可能会疑惑，反差萌只会发生在小巧可爱的人或物身上吗?

其实并不是，任何人或物都可以产生反差萌。

例如一个身高一米九的硬汉、猛男，身上一个小小的毛绒玩具就可以形成反差萌。

一个不苟言笑的老人家，吃到美食一脸满足的表情就是反差萌。

反差萌是人物表现出与本身原有特征不同的其他特征，形成的反差对比，只要学会制造反差，你就可以进行反差萌裂变。

既然反差萌可以裂变，那么我们该如何利用反差萌裂变进行流量扩张获得盈利呢?

很多时候我们的产品是不存在反差特征的，很难利用反差萌进行裂变，但其实这并不妨碍我们为产品制造反差。

利用反差萌裂变的最关键因素就是要学会制造反差萌。

什么意思呢?

打个比方，你的产品是卫生巾，需要将产品推销出去。

怎么推销呢?

我们就可以利用反差萌。

一般而言，卫生巾的使用对象是女性，销售对象也是女性，但我们是不是可以将销售对象改为男性呢?

高大俊美的男生一脸羞红地站在货架前为心爱的女孩子挑选适合的卫生巾，这其实就是一个反差萌。

男生帮自己心爱的对象买卫生巾，这其实是让女孩子既感到害羞但又感到十分高兴暖心的一件事，这样的男生很容易获得女孩子的好感。

而商家，完全可以利用这样的反差萌进行广告宣传，除了吸引女性顾客进行消费，还可以吸引大批的男生为喜欢的女孩子进行消费，达到扩大宣传从而裂变的效果。

其他的产品也是如此，只要找到了合适的萌点，就可以利用反差萌完成裂变。

反差萌裂变就是利用人或物之间不同的特征形成的反差制造萌点，从而吸引关注或消费，达成裂变的一种模式。

学会制造反差萌，就可以吸引到与主流定位消费群体不同的其他消费群体，扩大消费者群，完成裂变。

举一反三：

实体店裂变

拼多多的小故事

这两年拼多多真的非常火。

相信大家手机里的微信群应该都有拼多多的拼单、砍价群。它是国内目前主流的手机购物 APP 之一。

用户通过发起和朋友、家人、邻居等的拼团，以更低的价格购买商品。

旨在凝聚更多人的力量，用更低的价格买到更好的东西，体会更多的实惠和乐趣。

2015 年 9 月，拼多多正式上线。

2016 年 2 月，拼多多用户数突破两千万。

短短半年时间，拼多多的用户便发展了两千万人次，可以说是非常强大的裂变程度了。

拼多多的裂变方式主要是利用互惠原理进行。

互惠的原理，是别人给了你好处，你心里会有一种亏欠感，这使得你想要回报对方。

这是因为，朋友想着给你好处不容易，而容易得到的不会被珍惜。

很多抽奖裂变活动就是利用这个原理进行的，中奖者拿奖，少部分人购买，而前者往往成为口碑传播者。

拼多多也是利用这个原理玩转拼团裂变，它告诉你优惠价格，但要求转发朋友圈，拉更多的人去拼团，才能获得优惠价格，这么做可以增加获取的难度。

因为拿到优惠有难度，用户就会珍惜，而这个难度是拉更多的人，完成裂变，增加了用户量。

对裂变活动来说，优惠的手段非常多，任何一种优惠措施都可以利用互惠这个要素实现裂变，比如 3 人成团享受一元优惠价，或者邀请好友注册每人各得一个优惠等。

裂变需要人与人之间的联系，而互惠是要建立更多联系，这显然符合裂变的要求。所以，多从互惠角度思考优惠方式的设计，对裂变会有巨大帮助。

当然，拼团裂变的商户不只是拼多多，还有成千上万的网上交易平台和实体门店。

那实体门店怎么进行拼团裂变?

其实很简单。

有的商家靠小程序省下美团的扣点。

广州一家火锅店的老板在店里做了一个双人套餐，放在美团上，价格是 188 元，他降低 10 元钱把这个套餐放在自己的小程序上，做成两人拼团，销量比在美团上多了两倍。其实除去平台扣点，自己赚得更多一些。

还有的店是靠小程序拼团做宣传的。

成都一家水果超市开业的时候，在网上发起 250 克优质草莓 1 元拼团活动，规则是 5 人成团。

当时是新店，没有老客，所以一个顾客想得到那 1 元钱的草莓就得拉 4 个人一起买，1 个老顾客就给店铺带来 4 个新顾客，草莓成本 4 元 1 盒，每盒草莓赔 3 元钱。

但是商家规定的团购商品可以到店领取，也可在店里购买满 39 元送货上门。

但是你想想，你会专门跑到一家店领一盒草莓就走吗？

你肯定会顺手买别的，不管顾客买什么，1 盒草莓赔的 3 元钱店铺一定会赚回来。

而且这期间没有做任何广告。

举一反三：

用户裂变

用户裂变可以说是在所有的营销术里很好用、比较厉害的一种。

做得好的营销，都离不开用户裂变。

意思就是说，每个用户都是你的销售员，都在帮你做宣传营销推广。

如果你做不到这一点，那你就建立一个庞大的推广队伍，还要花很多钱培训推广队伍做事。

如果你可以做到用户裂变，那就是让用户告诉用户，让用户给你带来用户。

你可以很简单地把你自己的广告打出去，让所有人都知道，然后来成交。

李鲆以前发过一个朋友圈，意思是说厉害的营销有两种，一种是无限信任 + 用户裂变，一种是终身价值 + 用户裂变。

前者靠感情达成裂变，后者靠利润达成裂变。

事实上，用户愿意帮你裂变，也就是这两个理由：或者感情，或者利润。

如果你不能给用户一个帮你裂变的理由，你的营销推广就会非常辛苦，就很难做大。

举一反三：

拉新奖励裂变

在各种裂变方法，尤其是APP裂变方法中，裂变见效最快的就是拉新奖励裂变。

支付宝的口碑是个类似美团的APP，于2015年11月正式开放平台，可以点外卖、娱乐、订票等。口碑开设“注册有礼”“邀请有礼”活动，新人注册即可获得5元抵扣券，直接在平台上使用。而用户邀请1人成为新用户即可获得现金奖励2元，直接到账支付宝余额。

拉新奖励其实就是以老带新。

企业在使用拉新政策的时候，给予带来了新客户的老客户一定奖励作为报酬。

与传统的营销推广不同，拉新奖励裂变强调分享，即必须是通过老客户的分享行为带来新的客户，而老客户只要能拉来新的客户，就能获得奖励。

拉新奖励只需要配合精准的裂变渠道，其拉新成本就会大大低于传统营销的新客户成本。

APP 是如何对拉新进行认定的呢？

拉新奖励认定有 4 个要素：

（1）裂变推广的必须是新客户，并且从未在 APP 的付费流量页面登录过；

（2）与新客户创建了有效推广关系（推广页面登录或是登录状态到访）；

（3）新客户预付费且首次购买奖励产品；

（4）新客户下单后 30 天内没有被判定为同一人，或发生全额退款。

这种政策虽然没有什么创意，但是却能使老客户在为企业进行拉新时充分发挥积极性。拉新奖励是一种永不过时的玩法，同时也是各大 APP 裂变的标配。

拉新奖励不仅能够激发老用户的参与度，使其自发为商家寻找新用户，加速用户数量的增长，还可以帮助商家进行长期宣传。

有时候，越是没有创意的裂变方法，越能为企业带来持久有效的转化效果。

举一反三：

客户裂变

客户裂变，即是让客户帮你宣传产品，把客户变成你的推销员。

在理论篇提到种子用户时，在裂变效果公式中提到了单客价值。单客价值指的是我们能够从一个用户身上获得的最大化价值。

客户除了产品购买价值，还有很重要的转介绍价值。而客户转介绍，就是客户裂变。

美国著名销售员乔·吉拉德认为，每一个客户背后，大概都站着 250 个人。这些人可以是他的亲戚、邻居、朋友和同学。这也就意味着，每一个客户的背后，都有 250 个客户资源。

因此，如果能维护好一个客户，客户转介绍给他的亲戚、邻居、朋友和同学等，就能快速收获 250 个客户。这 250 个客户再次转介绍，能得到62500个新客户！

如此裂变下去，我们能获得的客户数量是十分惊人的。

传统的营销，如果想打开一个市场，需要自己建立营销推广团队，培训团队，管理团队，为团队支付薪酬，付出的人力财力十分巨大。

而客户裂变可以让每个客户都变成你的推销员，让每个客户都帮你做宣传、营销、推广和成交，你就能以较小的成本，获得较大体量的客户群，得到较大的收益。

由于客户裂变是客户主动进行宣传推广，无论线上线下的产品都可以进行裂变，因此很难统计客户裂变能够为你增加多少新客户。企业能够做到的，就是把你自己的广告打出去，让所有人都知道，使客户自发进行成交。

同时，想要进行客户裂变，还需要让渡给客户一些利益，利用利益吸引客户进行裂变。

有一家烧烤店在进行营销时，曾经用过客户裂变的方法：用户在店里进行消费之后，老板非常开心地告诉他，邀请三个朋友购买就可以全额返现。邀请第一个朋友购买返20%，邀请第二个朋友购买返30%，邀请第三个朋友购买返剩下的50%。

这种模式很多人是难以拒绝的，而且营销成本也很低，可以用于很多行业。

如果你不能给用户一个帮你裂变的理由，你的营销推广就会非常辛苦，就很难做大。

举一反三：

案例篇

声乐机构利用年终会演，新裂变 183 名学员

许多艺术培训机构，无论是音乐、舞蹈、跆拳道、美术还是小主持等，到了年底都会做年终汇报演出。

有一些机构能够利用这个会演招到一些生源，但更多的机构只是为了做年终会演而做年终会演，并没有起到招生的作用。

大部分的机构都习惯在汇报演出当天进行招生，这样做的效果不会特别好。

因为在汇报演出的当天，大多数老师非常繁忙：要安排布置场地，要注意孩子的安全，要检录节目，要准备抽奖活动，要准备灯光音响，还要照顾每个家长和孩子的迎来送往，没有足够的时间进行招生。

某培训中心的校长就遇到过很多次这样的情况，每次做

活动，都是心累的感觉。

他们校长之前请易凡做过招生，那一次帮他们招到了358名新生，后期转化了200多名学生。

他们再一次找到易凡，希望能借助年终会演帮他们再做一次招生活动。

签订了合约之后，团队经过缜密的策划，决定在年终会演的前三天就启动招生。

具体怎么做的呢？

第一步，发起活动。

提前三天发起一次“最具网络人气节目评选”的活动。

校长把准备做年终会演的节目做成了编号：比如“001妈妈，我爱你；002 欢欢喜喜过大年；003 ……”

第二步，进行投票。

校长把所有参加表演孩子的家长都拉进一个微信群里，在微信群里放“投票机器人”的链接，让家长去拉别的家长进来投票，比如这个家长要给001号节目投票，家长就在微信群里回复“投票001”。

投票机器人会自动回复001这个节目当前的票数和排名，这样可以激励孩子家长们更积极地拉人投票。

假设一个节目，每个家长可以拉30 ~ 40个人进群投票，那么10个节目就很容易拉满一个500人的微信群。

第三步：公布排名。

投票结束后，所有的排名结果也出来了。校长对外公布所有排名，并承诺在汇报演出当天对投票进行颁奖。

第四步：拼团招生。

微信群裂变成功后，马上推出优惠报名，或者低价拼团活动。

第一波活动就招到了 107 名新生！

第五步：追销招生。

活动当天，团队把节目用照片和视频的形式在那两个微信群里直播，加上在活动现场上启动了四轮的成交步骤，后期又陆续成交了 70 多名新生，取得了非常不错的成绩！

其实，年终会演是所有机构里进行招生的一个好时机，但是你不能等到当天晚上才进行招生。

你可以提前利用微信群进行投票，快速地裂变出一批新生的家长，同时，结合拼团就能实现快速批量招生。

合二为一，就能成为一个很强的招生武器。

你把招生的时间提前，还可以给家长更多的思考时间。在演出的当天，还可以针对性地进行一波招生和转化的工作，不至于在演出的当天搞得太匆忙。

举一反三：

利用家庭教育讲座招生，半年开了 1 个分校

家住佛山某区的黄校长出生在音乐世家，她自小就对各种乐器非常感兴趣。

她的两个孩子从小就有浓厚的音乐细胞，能歌善舞，让亲戚朋友都羡慕不已。

在家人的鼓励下，黄校长决定在家门口开一个钢琴培训中心。

身边的一些家长朋友都把孩子往她的机构里送，但是仅靠这点生源远远不够，她很快就面临招生的难题。

黄校长和易凡经过深度的交流，易凡团队为她设计出了一个利用线上线下讲座配合招生的方案。

黄校长按照这个方案实施了 3 个月的时间，校区学生就满了。

因为有太多的学生报名，她趁热打铁，又在不远的地方开了一个分校，不到两个月新校区的学生也招满了，这让很多同行惊奇不已！

一个新开的机构，半年内不但招满了原校区，还开了一个分校，究竟什么样的方案，能有这么好的效果呢？

这个方案的核心在于利用家庭讲座进行招生和裂变。

一共分为以下几个步骤：

第一，根据家长痛点，设计超级微课程。

现在很多家长都很头疼孩子的教育问题，他们不知道怎么去教孩子。

黄校长针对自己多年带孩子的经验，总结了 7 个孩子常见的痛点问题：例如孩子学习不专注、好动且爱玩游戏、不自信不合群、说话粗鲁不礼貌等。

这些痛点一提出，每个问题都扎中家长的心门，让家长非常渴望得到解决的方法。

黄校长结合学习音乐的核心知识，认真打磨了这 7 节课，主要讲解如何通过音乐课程，让孩子的学习更加专注，变得自信、优雅。

每一节课都针对一个痛点问题，提出了解决方案，环环相扣。

第二，在微信群进行裂变式引流。

黄校长把她研发的课程做成了海报，主要在微信群里进行讲解。

如果家长想进群学习，只有两个办法：

第一个办法：直接付费 198 元，然后由黄校长拉进群。

第二个办法：家长把文案和海报转发朋友圈或者转发 3 个业主群，即可凭借截屏进群。

如果家长选择第二种方法，黄校长还赠送一套价值 9800 元的知名家庭教育专家的学习资料给家长。

绝大部分家长选择转发朋友圈的方式进群学习。

新家长看到了这么有价值的在线课程，也想学习，就纷纷转发朋友圈。

这样，他们的文案和海报就在周围的小区业主群中蔓延开来了。

第三步，讲课招生。

黄校长第一期讲课的时候，就在两个微信群对着近 1000 人讲课，到了第五期的时候，就已经要同时对着 8 个微信群讲课了。

讲完微信课堂，黄校长就成交了一个 198 元的超级体验课程。

因为课程经过精心设计，确实让很多家长觉得非常有价值，而且也认识到孩子通过学习音乐，能带来非常多额外的好处，让孩子更加自信，学习水平也得到提高。

因此，每次黄校长的课程结束，都会有几十个家长报名参加她原价 800 元，现价 198 元的体验课。

黄校长第一次讲完微课堂，就有 50 多个家长参加，到第五期结束，每期报名的人数都超过了 100 人。

在音乐体验课里，家长们看到了黄校长本人，然后又亲自考察了音乐中心，家长们看到自己的孩子在体验课里有很明显的进步，后续报名正式课程的家长就非常多。

家庭教育讲座招生在机构招生中是非常实用也是非常高效的一种方式。

一方面是因为通过家庭讲座可以展示机构的软实力，让用户更加信任机构；另一方面，能来参加家庭教育讲座的用户，本身都有潜在的成交机会，家庭教育讲座组织得当可以快速实现客户转化。

在社群时代，大多数机构都可以利用微信社群进行线上分享，通过社群联系家长，然后引导家长带着孩子去你的机构报名。

这样，家长在还没有正式地让孩子上课之前，他们已经知道了这个课程可以给孩子带来什么样的好处，大大提高了后续报名率。

而且，微信社群也是聚集精准客户的好手段，每一个家长帮你介绍一个人，很容易就能聚集起 300 ~ 500 人。

不管线上讲座还是线下讲座，都需要围绕家长对孩子成长的期望以及需求去设计，因为家长是主要决策者。

举一反三：

利用一场免费试听课，某机构一场招生超百人

韩校长在当地最繁华的地方，有一个乐器培训中心，有钢琴、吉他、尤克里里、葫芦丝和架子鼓等项目。

他目前面临的问题是：中心周围有好几个大型的小区和商业中心，有三所小学和五所幼儿园，周围艺术机构非常多，竞争异常激烈。

目前他刚进了一批新的架子鼓，希望能招到 100 个以上的新生。他尝试过各种办法，都比较难吸引家长付费，进来体验。

现在很多机构是采用低价体验课来吸引家长带着孩子过来体验，但过程和结果是大同小异。

体验课招生效果不好主要是两个环节有可能出问题，一个是引流、另一个是转化。

在引流人数不够的情况下，不管你机构教学质量或是环境再好，转化率都不会高。

如果引流过来了，后期转化不高，机构就要思索是其中哪个环节出现了错误。

就好比现在热议的低价引流，2 天招 300 个学生，不少机构都做过，但最后留下的学员寥寥无几，关键是转化细节没做好。

易凡针对韩校长的具体情况，设计了一个免费押金试听课的办法。

先设计一个原价 600 元 6 节的体验课，现在免学费只需要交押金 300 元，只要不迟到不早退，全程认真学习，上完所有课程，就可以申请退押金。

6 节课学完后，由于所有的学生都全程参与，认真学习，所以他们得到的收益也很大。

韩校长在最后两节课再推出正式课程，这样就有很多家长愿意报名。

而且，韩校长还表示，只要家长在这两天报名，提前交的 300 元押金可以抵 600 元使用，这又大大地推动了家长报名的意愿度。

为什么免费的课程，一定要收 300 元的押金呢？因为你收了押金，有以下的好处：

（1）可以帮助机构过滤掉来蹭课的家长。

（2）能让家长带着孩子认真学习，不旷课，不迟到，不早退。还能起到监督、促进上课的作用，保证到课率。

（3）收取的是押金，而不是学费，让家长觉得这是免费来学习。因为你一再跟他强调，只要好好学习，押金是可以退的，这就增加了他们报名体验的意愿度，也打消了他们担心孩子对课程不感兴趣后期不愿意学的情况发生。

（4）后续成交的时候，300 元押金可以抵 600 元使用，能提升正式课程的转化率。

因此，韩校长在打出“免费学习 6 节音乐体验课”的口号后，在很短的时间内，吸引了非常多的家长报名参加。

虽然没有收费，但是韩校长依然要求老师认真负责地去教学，让孩子都取得不错的进步，这样在后期正式课程报名的时候，转化率非常高！

大多数机构，都可以尝试这种方法，采用免费 + 裂变的形式进行引流，先采用交押金的方式不断给家长和孩子参加体验课的机会，然后再在体验课里成交正式课程，这是一个非常靠谱的方法。

举一反三：

一场升学答谢会，让某机构新招生 157 人

黄校长的儿子考上了国内某知名音乐学院，他想借助这个机会，再给自己的学校进行一次招生，怎么做呢？

经过缜密思考，易凡给黄校长策划了一个招生方案，把他儿子考上音乐学院这个喜事和一周年庆结合起来。

第一步：推出《钢琴技巧快速提升大师班 7 天特训营》。

这 7 天特训营由机构邀请黄校长儿子的两位钢琴老师，和他的儿子一起手把手教学生快速提升钢琴技巧，让学生的成绩 7 天内取得突破。

两位老师是行业里非常资深的老师，培养过很多孩子考上了国内知名的音乐院校。

再加上有黄校长儿子的学习成果做见证，会吸引很多家长的兴趣和关注。这就好比由高考状元和状元老师同时给你辅导，有很大的吸引力。

果不其然，黄校长把这个主题活动推出来后，一下子就吸引了很多家长咨询报名。

这 7 天特训营的价格定为 3980 元 / 人，而且限制 100 个名额参加。

不过还有一个福利，就是老学员可以有机会免费参加这次的特训营。

如何才能免费参加呢?

只需要介绍两名新学员来参加机构举行的 198 元钢琴体验课就可以了。

这个方案对很多老学员来说很容易做到，很多家长想让自己的孩子参加这次特训营，所以他们会很努力地去想办法帮机构介绍两名新学员。

最后有 108 个老学员成功地参加了这次大师班课程。因为老学员热情高涨，超出的名额也全都接受了。

通过这次活动，两天时间帮黄校长招到了 216 名新生报名体验课。

第二步：举办黄某升学答谢会暨某某公司一周年庆典。

黄校长把参加这 7 天特训营的老学员和这一次新招生的新学员混合在一起，举办了一场大型的活动。

在活动里，黄校长的儿子重点分享了他自己学琴的经历和心得，再由 7 天特识训营的老学员进行才艺展示，让他们分享学琴心得。

这次参加了体验课的家长和小朋友们都是由老学员转介绍而来的，他们亲眼看到自己熟悉的朋友能展现这么好的技艺，对自己更加有信心，毕竟榜样的力量是无穷的。

在整个活动会场上，把成交的环节巧妙地嵌入进去，进行多次成交，最终一次性成交了 157 个新生报名。

如果我们善于思考，结合发生身边的一些事情的节点，经过策划，都可以成为比较棒的主题活动，进而实现招生和转化的目的。

但任何活动，都需要经过周密的策划，把每一个活动流程节点都罗列出来，进行严谨的梳理，再配合系统的转化流程，才能得到想要的结果。

举一反三：

五招轻松举办音乐会，实现裂变和招生目的

某琴行现在每个月举办一场生日音乐会。那么，如何将音乐会举办得让家长和学员非常期待呢?

建议机构在生日音乐会上担任记录者的角色，提供更贴心和暖心的服务：比如拍摄全家福、手写贺卡等，为一家人留下更难忘的记忆。

举办生日音乐会，当月过生日的小朋友少不了上台表演节目。机构可以让孩子们在表演节目之前说一句："妈妈，您辛苦了，谢谢您生我养我，下面这个才艺送给您……"相信家长的心在瞬间就被暖化了，记忆深刻!

让孩子把对父母的感恩通过作品表达出来，不但能打动家长，也让更多参加音乐会的其他家长和孩子有触动。

而张校长就非常有经验，在她的琴行里，每个月的最后

一个星期六晚上，是固定的生日音乐会时间。她每个月靠这个音乐会，都能成交 10 多个新生。

举办一场生日音乐会，从前期筹划到中期举办，后期跟单促转化，需要注意的事项非常多。

（1）生日会需要提前统筹，比如说机构里有 200 个学生，按照概率来说，就会有 20 个左右的学生在当月过生日，那么你就可以组织一次统一的生日会。

（2）把当月过生日的学生选出来，统一为这批学生打造集体节目，为每个人再单独设计一个节目，这样一个音乐会的节目就很丰富了。

（3）生日会上有主角，就需要有观众。观众的邀请，除了让当月过生日的学生主动去邀约他们的亲朋好友来参加，还可以让当月参加体验课的学生和家长都参与进来。

为此，张校长每次都特意安排一个体验课的时间排在生日会的中间。

这样，就可以多一次招生的机会。

在举办生日会前期，机构最好准备两份签到表，一份是给已报名琴行课程的家长和学员，一份是给前来参加音乐会的其他家长。

在登记表上需有联系电话、住址等基本信息，机构就相当于免费获得了家长的联系方式，或者告知家长生日音乐会中会在群里发红包，借机添加家长微信，后期可做电话回访邀约和微信营销。

（4）在生日会上，一定要加入招生环节，通过生日会的榜样，加上体验课的优惠，现场收取体验课的报名费，达到招生的目的。

（5）在生日会上，机构为前来参加生日音乐会的所有家长和学生拍摄全家福。

最好安排拍照专业的人来负责，保证拍出来的照片美观大气，这样后期可冲洗出来，镶进印有机构招生、二维码等信息的相框。

后期邀约家长来现场取照片，借此机会邀请家长参加体验课。

琴行举办生日音乐会，一方面可用于汇报演出，为更好的招生做宣传；另一方面可以提高琴行和家长的黏性，让家长感受到琴行的贴心服务。

本着这两个出发点，再从主题和细节下功夫，招生和宣传效果不言而喻。

如果坚持不断地创新，每个月都为当月过生日的孩子举办生日会，坚持下去，就会形成机构一个固定的节日，形成一种仪式感，有利于形成机构的口碑，也能做到每个月都有稳定的生源进来。

举一反三：

教育中心转行卖玩具，每个月招生人数倍增

暑假招生期间，某中心李校长却很焦急，因为他们还没有想到办法招生。

于是易凡让李校长去玩具批发市场批发 3 ~ 5 款当下比较火爆的机器人玩具回来，然后做一些玩具的广告海报，在机构周围的小区和幼儿园派送，外面市场价 200 元的玩具，现在团购价只需要 50 元。

广告发出去没多久，就吸引了很多家长带着孩子来到李校长的机构！这时候，李校长再给家长们推荐一个 198 元的 6 节乐高机器人体验课，如果家长马上给孩子报名，还可以送孩子一个玩具作为礼物。

这些家长在外面买这些机器人玩具也要 200 元，现在只需要花 198 元，不但拥有了玩具，还得到了 6 节乐高机器人

课程，觉得非常划算。

因此，很多家长都会报名。

孩子拿了玩具回到小区里，跟小伙伴们玩，别的小孩子对这个玩具也会特别感兴趣，进而吸引更多的家长带着孩子来购买和咨询。

为什么这么做会很有效果呢？

这是因为，你把别人用来赚钱的玩具，用成本价出售，把玩具打造成质优价廉的引流产品，自然就会吸引家长带着孩子来购买，从而产生追销的机会。

因为李校长卖玩具并不是为了赚钱，而是为了吸引更多家长带孩子前来机构，赚的是后端利润，赚的是影响力和吸引力。

他靠这个办法，确实在很短的时间内吸引了一大部分的精准客户群体。但他这样的做法，又伤害了一些玩具店的生意。有没有两全其美、共赢的解决方案呢？

易凡让李校长不要自己卖玩具，而是去找周围10公里内所有卖玩具的门店，跟老板谈："我可以赠送你一个赠品，帮助你快速销售掉你的玩具！"

具体做法是：李校长把他们的两节机器人体验课代用券赠送给玩具店老板，只要客人买满200元玩具，就送他们一张体验券。

玩具店老板为什么愿意这么做呢？

因为一方面他们少了一个价格杀手，另一方面多了一个赠品，更加容易销售掉他们的玩具，他们也很乐意去推这个活动。

这样，周围10公里内的所有玩具店老板都在帮他们引流，李校长的客流量一下子就多了。

而且，李校长在这些家长带着孩子来上体验课的时候，会给每个小朋友和家长再送两张代用券。只要他们介绍两个人来上这两节体验课，他们就免费赠送价值200元的玩具给小朋友。

就这样，李校长又靠这些家长的转介绍，源源不断地把引流的数量放到更大！

连环赠送的方法，就是要把别人收费的产品和课程，直接免费掉，大量的放大前端引流的端口，进而达到精准引流的目的。

举一反三：

1 元吃虾，微信群裂变让客流量增加了 4 倍

有家火锅店，做了个“1 元吃虾，微信群裂变”的活动，成功地让客流量增加了 4 倍。

操作手法很简单，首先把微信上的老会员集中起来建群，每 100 个人建一个群。

然后动员大家拉亲朋好友进群，每人可以拉 4 个人进群。

等群人数到了 500 人，就在群里发 100 个红包。抢到红包的，可以微信支付 1 元钱，免费吃一份价值 68 元的招牌鲜虾。

然后，把这 100 个中奖的人移出群，再发 400 个 58 元代金券。这样参与者人人有奖，没有心里不舒服的。

到店里 1 元吃虾，总要点个锅底，再点几个菜。虾的成本，就从锅底和其他菜品里补出来了。火锅不可能一个人吃，

通常都要三四个人，点的菜多，火锅店是有足够利润的。

火锅店就用这个方法，增加了 4 倍以上客流量。

这个案例用了 3 个营销方法：

客户裂变：用利益和有趣吸引客户，让他们帮你传播，带来流量。

娱乐化营销：利用人类迷恋小概率事件、喜欢占便宜和喜欢有趣的特点，做红包抽奖，1 元吃虾活动。

后端利润：用锅底和其他菜品盈利。

举一反三：

扫码进群送啤酒，锁定客户的 6 次消费

李鲆有次去逛商场，看到一家火锅店门口放了一个易拉宝，易拉宝上印着个大大的二维码，下面简单粗暴两行大字：扫码进群送 24 瓶啤酒，所有配菜 88 折。

是挺吸引人的，反正也到饭点儿了，就扫码进群，然后进店吃火锅。

进了群发现，群里有个公告，核心有两点：

（1）赠送的啤酒每次限消费 4 瓶，其余的存在店里，下次来接着喝，限期两个月用完。

（2）每天上午 11 点，下午 5 点，群里发红包抽奖。抢到最大红包的送一个锅底，抢到最小红包的送一盘羊肉。抢到红包的其他人送一个蔬菜拼盘。

李鲆不禁感叹，这老板太会做生意了。

啤酒成本才多少？一次性送 24 瓶，看着很多，其实也没多少钱。

关键是，每次消费限 4 瓶，你要把这 24 瓶啤酒喝完，就要来 6 次，等于老板用这 24 瓶啤酒，锁定了你 6 次消费。

单纯的 88 折，可能不足以吸引你扫码进群，不足以吸引你再次进店消费，但"送啤酒 +88 折"，诱惑就成倍增加了。

再加上每天的抢红包抽奖，有免费锅底或羊肉、配菜，有啤酒，其他配菜也打 88 折。凡是抽中了的，大多不会再去其他餐饮店消费了。

不要只扔给顾客一个二维码，而是给顾客一个扫码加你的理由。这个案例，24 瓶啤酒，88 折配菜，就是足够的理由。

大多数人有个心理，叫"怕失去"。这家店里还存着一二十瓶啤酒，去其他店消费，这啤酒就损失掉了。为了规避损失，就会愿意再次进店。

每天两次红包抽奖，保证了群活跃度，也增加了客户的消费频率——反正是要吃饭的，抢到了红包，干吗不来？

举一反三：

异业联盟，互相导流后营业额涨了3倍

在一条商业街，有一家服装店、一家餐饮店和一家美甲店，三家店相邻，生意都一般，能维持，但都不怎么赚钱。

李鲆给了他们一个互相导流的方案：

客户进了服装店，就建议他办卡，告诉他你只要办卡充值500元，以后进店消费就永久9折，再送隔壁餐饮店500元代金券、美甲店500元代金券，到店消费可以直接抵扣。

来买衣服的客户，反正大多数也有吃饭和美甲的需求，一看这么实惠，等于充值500送1000元，就很爽快地办卡了。

对服装店来说，办卡就意味着锁客成功，客户以后会来持续消费。

对餐饮店和美甲店来说，服装店每有一个客户成功办卡，也就是在帮他们成功引流一个客户。

餐饮店和美甲店也同样这样做，来店消费的客户，办卡充值 500 元，就送另外两家店的代金券。

就这样，三家店互相导流，营业额都很快涨了两三倍。

这个案例的逻辑是做异业联盟，然后共享流量池。

不同行业的店铺，客户群体可能是重合的。服装店的客户也需要吃饭和美甲，那么大家就可以形成异业联盟，互相引流。

异业联盟的基数还可以再大一点，多几家店铺参与，效果会更好。

举一反三：

卖产品不如卖会员，卖会员不如做裂变

写字楼下有家咖啡厅，生意一直很一般——附近还有好几家咖啡店，竞争是很激烈的。

后来李鲆帮他设计了一个会员模式：只要办卡充值 99 元成为会员，就可以送 10 杯咖啡，每杯售价 38 元。

这样等于是花 99 元买了价值 380 元的咖啡，客户自然觉得很实惠，就纷纷办卡。

然后再请老会员推荐自己的同事来办卡，每成功推荐 1 人办卡，就多送一杯咖啡；推荐 3 人办卡，99 元就全部返还给你。

对咖啡店来说，等于花 38 元引流一个可以长期消费的有效客户，获客成本还是相当低的。而且是收到 3 个 99 元才退一个 99 元，现金流没问题。

这个方案一经推出，本来在其他咖啡店消费的客户，纷纷进店办卡消费，客流量从一天40人左右暴增到300多人。

咖啡店的房租和人工是主要成本，咖啡本身成本并不高，99元10杯咖啡，是基本可以打平的。

客户进来后一般会再点些其他小食，这就可以产生利润；客户往往不是一个人来喝咖啡，会带其他同事、合作伙伴一起来喝，也会产生利润。

举一反三：

把会员变成合伙人，零成本开分店

有一家美容院，不花一分钱，就在一年时间里开了 6 家分店，并且每家都在盈利。他是怎么做到的呢?

这家美容院已经开了好几年，有了一批忠实的老会员。

美容院准备开分店时，就先从老会员中挑选了 30 位铁杆会员，请他们做新店的合伙人。

条件很简单，只要交 2 万元，就可以拥有新店 1% 的股份，年底拿出 30% 的新增利润来分红。合伙人介绍过来的客户，另外有 15% 的转介费，每月结算一次。

另外再送合伙人 100 张折扣体验卡，总价值 2 万元。合伙人可以自己选择是赠送或者出售。持体验卡进店消费的客户，自然成为合伙人的转介绍客户。

开新店需要解决两个问题：资金和客户。这个模式同时解决了这两个问题。

对常去美容院的老会员来说，2 万元实在不算什么特别大的钱。

交 2 万元成为合伙人，拥有一家美容院的股份，还可以分红，很多人根本不需要犹豫就会给钱。

一个人 2 万元不算多，30 个人 60 万元，基本够开新店的成本了。

合伙人机制也解决了客户的问题。

每一个喜欢上美容院的人，身边一定都会有几个闺蜜姐妹，大家也有美容的需求。

合伙人带自己姐妹进店消费，还可以自豪地说这是自己的店，可以打折优惠，也很有面子。

就用这个方式，这家美容院一年开了 6 家分店，而且都在盈利。

这是一个简单的超级资本分拆融资成功的案例。

通俗地说，就是把一个比较大的项目，拆分成一些比较小的投资，让更多人参与，项目也就容易成功。

客户在这里，不只是消费者，也是合伙人和销售员，发挥了更大的单客价值。

美容院项目要注意的是，提前约定合伙人只拥有分红权，而没有决策权。

否则谁都想插手经营，龙多不治水，店就没办法做下去。

举一反三：

万有文化